Joh. W. Matutis

Weltreligionen

Joh. W. Matutis

Weltreligionen

Die Suche nach dem unbekannten Gott

Fromm Verlag

Imprint

Any brand names and product names mentioned in this book are subject to trademark, brand or patent protection and are trademarks or registered trademarks of their respective holders. The use of brand names, product names, common names, trade names, product descriptions etc. even without a particular marking in this work is in no way to be construed to mean that such names may be regarded as unrestricted in respect of trademark and brand protection legislation and could thus be used by anyone.

Cover image: Vom Autor bereitgestellt

Publisher:
Fromm Verlag
is a trademark of
Dodo Books Indian Ocean Ltd. and OmniScriptum S.R.L publishing group

120 High Road, East Finchley, London, N2 9ED, United Kingdom
Str. Armeneasca 28/1, office 1, Chisinau MD-2012, Republic of Moldova, Europe
Printed at: see last page
ISBN: 978-613-8-37886-0

Joh. W. Matutis

Weltreligionen

Die Suche nach dem unbekannten Gott

PREDIGTSAMMLUNG

Band 5

Fromm Verlag

INHALTSVERZEICHNIS

EINLEITUNG

<u>für die Verwendung des Materials der Predigtsammlung</u>

<u>Zum Studium</u>

Ich empfehle, die angegebenen Schriftstellen nachzuschlagen und nachzulesen, um sich so gründlich in die Materie einzuarbeiten und zu vertiefen. Das Buch besteht aus drei Teilen und ist nicht in chronologischer Abfolge verfasst.

Die dem Wort Gottes entnommenen Schriftstellen sind fett markiert und unterstrichen dargestellt. Schriftstellen, die nicht fett markiert, aber unterstrichen dargestellt sind, wurden zwar nicht gepredigt, aber der Vollständigkeit halber hinzugefügt.

Kursiv dargestellte Texte sind Zitate, die entweder auf das Wort Gottes zurückzuführen sind oder die Liedtexten, Sinnsprüchen bzw. Lebensweisheiten entnommen wurden. Dasselbe gilt für die in Klammer aufgeführten Bemerkungen.

Dieses Material ist urheberrechtlich geschützt. Die Verwendung, Vervielfältigung o. Ä., ist deswegen nur mit Erlaubnis des Urhebers möglich. Zu diesem Zweck senden Sie mir bitte eine kurze Mitteilung an die folgende E-Mail-Adresse: pastor@matutis.de.

Wenn Ihnen der Inhalt gefallen hat, empfehlen Sie bitte dieses Buch an Ihre Freunde und Bekannten weiter und helfen Sie mit, das Evangelium zu verbreiten. Vielen Dank!

Und nun wünsche ich Ihnen viel Freude und geistlichen Gewinn beim Lesen dieser Lektüre.

Ihr Joh.W.Matutis
www.nnk-berlin.de

Teil 1

Predigt von Pastor Joh. W. Matutis

„Religion oder Jesus"

Religion oder Jesus

Preis dem Herrn! Auch dieser Tag ist wieder ein Geschenk des Himmels! Ich freue mich über jeden Tag! Jeder Tag ist etwas ganz Neues! Der Herr wirkt jeden Tag, und ich bin Gott dankbar für alles, was an diesem Tag stattfand: Kontakte, die man hatte, Menschen, denen man begegnete, was man sah, erfuhr und erlebte. Es ist immer ein Tag des Segens! Ich danke dem himmlischen Vater für jeden Tag! Halleluja!

Mein heutiges Thema lautet wie folgt: Religion oder Jesus. Es ist ein sehr großes Thema, und ich möchte es aufarbeiten. Religion oder Jesus: In der Welt gibt es so viel Religion! Die Welt ist religiös! Der Mensch ist grundsätzlich religiös, egal was er glaubt! Auch die Kommunisten sind religiös! Die folgende „Dreieinigkeit" haben sie: Lenin, Marx und Engels. Diese machten sie sich zu eigen! Wir haben den Vater, den Sohn und den Heiligen Geist. So, wie die Kommunisten in ihrer Partei Funktionäre haben, gibt es in der Gemeinde der Kinder Gottes Pastoren, Prediger, Priester u. a. Religion bleibt Religion. Mein Thema lautet: Religion oder Jesus sowie Religion *und* Jesus. Wie kombiniere ich das? Wie kann ich das verbinden?

Alle Religionen entstammen dem Garten Eden, denn von dort wurde damals der Mensch vertrieben (siehe 1 Mose 3,23f.). Deshalb denkt er stets an das Paradies zurück. Er sucht, was er verloren hat und will dieses verlorene Paradies wieder neu aufbauen! Die Kommunisten wollten das Arbeiterparadies auf dieser Welt aufbauen. Doch es gab nur Blut und Tränen! Im Kern ist der Mensch ein Suchender. Religion ist Suchen. Man will zurück zum Ursprung der Dinge, zur Quelle; man will die Wahrheit wissen, jemanden über sich haben, der verantwortlich ist und dem man alles sagen kann.

Ich befasste mich mit allen Religionen. Mich interessierte, was die Leute glauben, was ihr Hintergrund ist u. a. Wenn man in verschiedenen Kulturkreisen dient und predigt, muss man über die Religionen Bescheid wissen. Wenn ich nach Indien reise, muss ich mich mit Buddhismus und Hinduismus auskennen. Wenn ich mich in arabischen Zonen aufhalte, muss ich mich zuvor über den Islam informiert haben. Ich befasste mich mit dem Koran, den Veden und vielen anderen Schriften und setzte mich mit ihnen auseinander. Ich stellte fest, dass überall das Gleiche steht, auch in der Tora der Juden, dem Alten Testament. Die Grundsätze des Lebens sind überall gleich. Der Mensch sucht. Ich denke nur an den folgenden biblischen Grundsatz, der geschrieben steht, siehe hier: **Irret euch nicht! Gott lässt sich nicht spotten. Denn was der Mensch sät, das wird er ernten (Gal 6,7).** Das ist eine Gesetzmäßigkeit, die überall gleichermaßen stattfindet. Was du säst, erntest du auch. In anderen Religionen lautet es wie folgt: „Was von dir ausgeht, kommt zu dir zurück." Die Hindus formulieren es wie folgt: „Du kannst nichts einbringen, was du nicht gesät hast." Ich füge ein Beispiel hinzu und sage: „So, wie du den Baum pflanzt, wächst er."

Gott gab den Menschen Gesetze, „die Er als Monogramm in ihre Herzen schrieb". Ich denke nur an die Goldene Regel, die Prof. Gamaliel aufstellte: Behandle andere so, wie du selbst behandelt werden möchtest. Es steht geschrieben: **Alles nun, was ihr wollt, dass euch die Leute tun sollen, das tut ihr ihnen auch! Das ist das Gesetz und die Propheten (Mt 7,12).** Dieses Gesetz hat gleichermaßen Bestand in der Bibel, im Judentum, im Buddhismus sowie in den meisten anderen heiligen Büchern. Der Buddhist sagt: „Verletze keinen anderen, damit du hernach nicht dieselben Schmerzen verspürst." Die gleichen Schmerzen folgen nach! Der Hindu sagt es wie folgt: „Behandle andere so, wie du selbst behandelt werden möchtest!" Das ist biblisch einwandfrei! Doch auch die Inkas und Mayas – obwohl beide Volksstämme Jahrhunderte oder Jahrtausende weit voneinander getrennt liegen – entwickelten ihre eigenen Religionen. Dieses Ur-Wissen ist jeder Person inne!

In dem Buch „Und die Bibel hat doch Recht" sind mehrere nette Geschichten enthalten. Der Autor Werner Keller befasste sich mit dieser Materie, um zu ergründen, wie es sich mit den Religionen verhält. Dabei verglich er die Bibel mit den Religionen. Er musste feststellen, wie z. B. die Leute im Gebiet des Amazonas das Folgende erzählten: „Unsere Vorfahren – die Mutter – bestieg den Baum hinauf zu Gott. Diese Frau brach den Ast ab, wodurch der Zugang zum himmlischen Vater verlorenging." In der Bibel trug sich eine ähnliche Geschichte zu. Eva verbaute uns den Weg zum Herrn (siehe 1 Mose 3,6). Der Sündenfall fand statt! Jede Religion wird vom Gedanken des Sündenfalls getragen!

Jeder Mensch hat eine Ahnung davon, was mit Vergebung gemeint ist! Er ist darüber informiert, dass Vergebung ein Segen ist! Judas sprach: „Das Schönste, was ein Mensch tun kann, ist, das Unrecht zu vergeben." Jesus belehrte Petrus, wie nachfolgend geschrieben steht: **Da trat Petrus hinzu und sprach zu ihm: Herr, wie oft muss ich denn meinem Bruder, der an mir sündigt, vergeben? Ist's genug siebenmal? Jesus sprach zu ihm: Ich sage dir: nicht siebenmal, sondern siebzigmal siebenmal (Mt 18,21f.).** D. h., fast fünfhundert Mal am Tag soll Petrus dieser Person, die ihn verletzt hat, vergeben! Im Koran steht das Folgende: Vergib deinem Gegner siebzig Mal am Tag. Alle Großreligionen geben denselben Denkanstoß. Die alten Sikhs Indiens lassen Folgendes verlauten: „Wo Vergebung ist, ist der Herr selbst vor Ort." Ich würde das sofort auf die Christenheit münzen und nachfolgend kundtun: „Liebe Heilandsleute, liebe Christen! Wo keine Vergebung ist, ist kein Gott!" Das klingt sehr gut! Das passt zu einem jeden!

Der Buddhist sagt: „Niemals wird Hass durch Hass vermindert, sondern durch Liebe!" Liebe ist das ewige Gesetz, wie nachfolgend geschrieben steht: **Die Liebe höret nimmer auf, wo doch das prophetische Reden aufhören wird und das Zungenreden aufhören wird und die Erkenntnis aufhören wird (1 Kor 13,8)** sowie: **<u>Nun aber bleiben Glaube, Hoffnung, Liebe, diese drei; aber die Liebe ist die größte unter ihnen (1 Kor 13,13).</u>**

Alle Menschen suchen den verlorenen Gott! Ganz gleich, wen! In der westlichen Welt erklärte man irgendwann, dass der Herr tot sei. Friedrich Nietzsche proklamiert in seinem Werk „Die fröhliche Wissenschaft", dass Gott gestorben sei! Doch normalerweise suchen alle Völker den Herrn! Die alten Ägypter, welche die mächtigen Pyramiden bauten, wollten zu Gott gelangen! Der Weg, den sie fanden, war jener, gewaltige Bauwerke zu errichten. Letztendlich, wenn ich die Welt betrachte, sucht jede Person den Herrn. Das Individuum auf der Straße, ganz gleich welcher Abstammung, Nationalität, Sprache, Kultur u. a., sucht, bewusst oder unbewusst, den himmlischen Vater. Ich werde den Beweis dafür antreten, dass der Mensch den Herrn sucht! Er möchte Gott finden! Doch leider ist der Mensch in unserer westlichen Hemisphäre entgöttlicht! Siebzig Jahre lang herrschte in der Sowjetunion Atheismus und Kommunismus als Staatsreligion vor. Zum ersten Mal in der Menschheitsgeschichte war der Atheismus die eine den Staat tragende Macht. Sie riefen den Slogan „Gott ist tot!" aus. Das haben sie verkündigt! Bis heute regieren die Chinesen nebst ihrer Kommunistischen Partei die Welt! Über eine Milliarde Menschen werden von dort aus beherrscht! Dieses Volk verkauft uns ihre Warenfabrikate. Ja, diese gottlose Regierung ist vorhanden! Doch Gott ist nicht gestorben! Sie konnten den Herrn nicht liquidieren!

Seit der Französischen Revolution fand eine Entgöttlichung des Menschen statt, ausgehend zunächst einmal von der Kirche. Hernach wurde das ganze System radikal zerstört! Die Corona-Krise trägt dazu bei! Die Gottesdienste sind geschlossen! Der Mensch lässt sich entwöhnen. Er betrachtet den Gottesdienst vor dem Fernseher! Fernsehgottesdienste mögen schön und gut sein – wir sollten dankbar sein, dass es sie gibt – aber sie sind kein Ersatz! Der Mensch ist ein gemeinschaftliches Wesen! Er ist nicht nur religiös veranlagt! Er hat nicht nur Sehnsucht nach Religion, sondern er ist auch ein soziales Wesen! Er braucht Gemeinschaft. Er braucht den anderen! Du liebst den Herrn, dich selbst und deinen Nächsten. Das ist der Weg unseres Lebens! Doch in unserer westlichen Hemisphäre distanziert sich der Mensch immer mehr von Gott. Er denkt, dass das Befreiung von der Bevormundung der Kirche sei! Gewiss hat die Kirche viele Fehler begangen. Die Menschen wurden bevormundet durch Gesetze, Vorschriften, Dogmen und vieles mehr. Alle Religionen haben dieses Übel in sich! Sie machen dem Menschen Vorschriften, wie er sich verhalten soll: „Mache es auf diese oder jene Art!" Doch durch diese „Befreiung" versklavt er sich noch mehr! Er erfährt den Konsum und erhält eine materialistische Gesinnung. Er sagt: „Ich glaube nur das, was ich auch sehe!" Sobald der Mensch den Herrn verliert, wird er bedürftig bzw. nackt und bloß! So war es auch bei Adam und Eva, nachdem sie gesündigt hatten. Sie waren vogelfrei. Man konnte sie erschießen, umbringen oder töten. Die Menschen verlieren das Wertvollste: die innere Substanz ihres Wesens bzw. ihres Daseins. Sobald der Mensch Gott verliert, wird er geistig arm, ärmer und am ärmsten. Ihm fehlt sowohl Halt als auch Orientierung. Das geschieht, weil niemand mehr über ihm ist. Der Mensch braucht ein höheres Wesen, das über ihm steht und ihn steuert, anleitet und bestimmt.

Die Atheisten sind überzeugt davon, dass es keinen Gott gibt und dass sie auch keinen Gott nötig haben. Wenn du genau hinblickst, kannst du erkennen, wie atheistisch unser Gesellschaftssystem, bzw. die Welt, ist. *„Ohne Gott und Sonnenschein, bringen wir die Ernte ein!"*, sang man in der ehemaligen DDR. Viele bestreiten und bekämpfen den Herrn! Sie sagen: „Gott ist tot! Wir brauchen Ihn nicht!" Entweder sie leugnen Seine Existenz oder sie leben so, als ob es keinen Gott gäbe. Sie leben einfach in den Tag hinein und machen Aussagen wie folgt: „Mit dem Tod ist alles zu Ende!" Aber so ist es nicht! Anscheinend ist Gott nicht tot, denn sonst wäre der materielle Standard der Atheisten und Kommunisten gestiegen. Sie stellten mannigfach Mittel zur Verfügung, um dieses Wesen, welches es angeblich nicht gibt, zu leugnen! Es gibt niemanden, der sich nicht früher oder später mit Gott auseinandersetzt. Als ich damals auf dem Weg nach Indien in einen Zyklon hineingeriet, Turbulenzen in den himmlischen Sphären stattfanden, die Ansage des Piloten an uns erging, dass wir uns anzuschnallen haben, da das Flugzeug abstürzen könnte, als es in der Maschine rüttelte und diese etwa zehn Meter hinabfuhr, befanden sich ausnahmslos alle Insassen im Gebet! In zehntausend Meter Höhe gibt es keine Atheisten und Ungläubigen mehr! Jeder betet zu seinem Gott, wie dessen Name auch sein mag! Jeder Insasse wusste also, dass es einen Gott gibt, der eingreifen, helfen und bewahren kann.

Die Menschen derzeit kämpfen gegen den Coronavirus, obwohl er noch nicht einmal identifiziert wurde! Sie wissen nicht, was dieser Virus ist! Sie kämpfen wider eine unsichtbare Macht! Ich verteidigte einmal einen Jungen, der in Not geraten war. Er glaubte an den Teufel. Dessen Mutter war einer Sekte zugehörig. Er wurde vor Gericht gebracht und von dem Richter befragt, ob er wisse, was es mit dem Teufel auf sich habe. Ich stand diesem Jungen bei und erklärte dem Prüfungsausschuss: „Obwohl ich Theologie studiert und einen Doktortitel habe, kann ich ihnen nicht sagen, was mit dem Begriff Teufel gemeint ist. Es gibt keine einzige Person auf Erden, die den Teufel jemals sah. Gott desgleichen! Beide sind unsichtbare Wesen. Es ist nur möglich, daran zu glauben, den Teufel bzw. Satan oder Gott zu erfahren und darüber zu reden." Ich übernahm diese Verhandlung und leitete sie an das Obergericht weiter. Ich teilte diesem Amt mit, dass das Gericht in Unwissenheit handeln und den Jungen über etwas ausfragen würde, was nicht sichtbar sei! „Dieser Junge kann gar nicht zu einer Stellungnahme imstande sein! Wenn ich jemanden auf der Straße fragen würde, oder Sie, Herr Richter, ob Sie wissen, was der Teufel ist", so meine Rede, „würden Sie sagen, dass es ein böser Bub oder eine böse Macht sei." Niemand sah den Teufel bisher! Mit diesem Virus verhält es sich genauso. Er ist unsichtbar. Man kämpft wider ein Wesen, das man weder kennt noch versteht noch jemals sah. Man sieht die Auswirkungen: Leute fallen. Das ist eindeutig sichtbar.

Man „schießt mit Kanonen auf Spatzen" und gelegentlich kommt irgendjemand um, doch die anderen fliegen lachend davon.

Obwohl die Atheisten behaupten, dass es keinen Gott gibt, beschäftigen sie sich mit Ihm und schreiben darüber Bücher. Ein Wissenschaftler schrieb ein Buch mit dem Titel „Der Gotteswahn". Währenddessen wurde er selbst verrückt. Er wollte unter Beweis stellen, dass es keinen Gott gibt. Er sollte lieber beweisen, dass Jesus lebt! Alle Menschen haben eine Ahnung von Gott, vor allem die Kulturen, die etwa sechstausend Jahre zurückliegen. Jedes Volk besitzt einen Glauben! Selbst der Wilde im Busch glaubt an ein höheres Wesen und an eine höhere Macht. Alle Völker glaubten bisher an eine Gottheit, so auch der moderne Mensch.

Mein heutiges Thema lautet „Religion oder Jesus". Die Ägypter bauten riesige Pyramiden für ihre Gottheiten. Diese stehen für den Weg zum himmlischen Vater. Sie existieren heute noch, und das nach Jahrtausenden! Die meisten Religionen haben ihren Ursprung in den Fruchtbarkeitskulten. Diese Zeiten wurden über Saat und Ernte festgelegt. Betrachte die alten Gebäude in Stonehenge, Großbritannien! Lange bevor die Germanen und Römer existierten, wurden dort Tempel errichtet! Man achtete auf die Sonnenwende, damit die Zeit exakt bestimmt werden konnte. Die meisten Menschen richteten sich im Altertum nach der Sonne aus. Deshalb wandten sie sich der Sonne, ihrem höchsten Wesen, zu. Viele Völker riefen aus: „Seht, die Sonne!" Jesus spricht: „Ich bin die Sonne der Gerechtigkeit", wie nachfolgend geschrieben steht: **Euch aber, die ihr meinen Namen fürchtet, soll aufgehen die Sonne der Gerechtigkeit und Heil unter ihren Flügeln (Mal 3,20a).** Das ist biblisch fundiert!

Jesus wurde Weihnachten, zur Zeit der Sonnenwende, geboren! Viele widerlegen das und sagen, dass das heidnischen Ursprungs sei. Es gibt weder Heidentum noch Christentum noch irgendeine Religion! Der Mensch ist religiös und nichts sonst! Aus dieser Praxis der Fruchtbarkeitskulte entstanden Mythen, Wissenschaften, Feste und

Rituale, Saat und Ernte, das Ansteigen und Verharren der Flut im Nil u. v. m. Die Menschheit suchte nach Sinn, Geborgenheit und Orientierung. Der Mensch war entwurzelt! Er wurde aus dem Paradies vertrieben und suchte nun Halt und Orientierung. Voltaire sprach die folgenden Worte aus: *„Wenn es keinen Gott gäbe, müsste man Ihn erfinden!"* Es muss einen Gott geben, denn nichts entsteht einfach so! Denke ich an ein Uhrwerk, so stelle ich fest, dass daran ein Meister beteiligt war, der solches alles konstruierte, entwarf und berechnete, sodass ich in der Lage bin, meine Zeit exakt zu definieren. Betrachte ich die Schöpfung, stelle ich dasselbe fest! Das alles entstand nicht etwa durch einen Urknall. Selbst wenn es einen Urknall gegeben hätte, bliebe die Frage offen, wer diesen denn nun eigentlich verursacht hat. Irgendwer muss ihn initiiert haben. Religion ist nicht nur Menschenwerk, sondern ein Hinweis darauf, dass sich der Geist Gottes überall in der Schöpfung verewiglichte. Die Dreieinigkeit besteht darin überall! Wenn ich ein Frühstücksei am Morgen verspeise, finde ich Eigelb, Eidotter und Eischale vor. Betrachte ich einen Baum, so sehe ich Wurzel, Stamm und Krone. Betrachte ich den Menschen, so erkenne ich, dass er aus Seele, Geist und Leib besteht. In der Musik finden wir den Dreiklang vor. Überall verbirgt sich die Trinität. Gott verewiglichte sich überall! Es steht geschrieben: **<u>Und das Wort ward Fleisch und wohnte unter uns, und wir sahen seine Herrlichkeit, eine Herrlichkeit als des eingeborenen Sohnes vom Vater, voller Gnade und Wahrheit (Joh 1,14).</u>** Der Mensch ist grundsätzlich religiös! Alles auf dieser Welt ist Religion und hat mit Glauben und der Suche nach einem Gott zu tun! Die Frage, die sich dahinter verbirgt, lautet wie folgt: Wie entstand die Welt? Woher komme ich? Wohin gehe ich? Was ist der Sinn des Lebens?

Eine weitere Realität ist die Sterblichkeit. Es steht geschrieben: **<u>Und wie den Menschen bestimmt ist, einmal zu sterben, danach aber das Gericht (Hebr 9,27).</u>** Was geschieht hernach? Ich beerdigte vor Jahren einmal einen Freidenker auf einem Waldfriedhof in Berlin Zehlendorf, wurde aber als Redner und nicht als Pastor bestellt! Als der Sohn bemerkte, dass ich ein Pastor bin, rief er aus: „Um Himmels willen, mein Vater hätte nie und nimmer gewollt, dass ein Pfaffe am Grab steht, predigt und die Beerdigung hält! Doch jetzt ist es nicht mehr rückgängig zu machen! Alles ist bereits vorbereitet und geplant!" Ich äußerte, dass ich kein Problem damit habe, nichts über Gott zu sagen. Ich zitierte Passagen aus Goethes „Faust", wie z. B. die folgende: *„Es kann die Spur von meinen Erdentagen nicht in Äonen untergehn."* In diesem Zusammenhang ließ ich verlauten, dass der Mensch schon von Anbeginn an auf die Ewigkeit angelegt ist, wie geschrieben steht, siehe hier: **Ein Mensch ist in seinem Leben wie Gras, er blüht wie eine Blume auf dem Felde; wenn der Wind darüber geht, so ist sie nimmer da, und ihre Stätte kennet sie nicht mehr (Ps 103,15f.).** Die Wurzeln haben Bestand! Der Mensch wird abermals erweckt usw. Als ich die Predigt beendet hatte, sprach er anschließend während der Trauerfeier Folgendes zu mir: „Es war wirklich gut, aber sagen Sie mir doch bitte, wo sich jetzt mein Vater befindet, im Himmel oder in der Hölle?" *„Es kann die Spur von meinen Erdentagen nicht in Äonen untergehn."* Da ist nichts einzuwenden! Sobald wir „das Tal des Todes" durchschritten haben, sind wir in der Ewigkeit angelangt. Diese Passage verarbeitete Goethe in seinem „Faust" sehr schön!

Was ist der Sinn des Lebens? Wozu existiere ich? Etwa nur dafür, um zu arbeiten und das Leben zu genießen?, oder um zu leiden? Der Mensch hat ein Problem, mit seinem Leid umzugehen! Er fragt sich das Folgende: „Warum müssen wir Menschen kämpfen und leiden?" Der Tod sowie das Leid sind eine Realität! Lehnt man aber einen Schöpfergott ab, kann man die Fragen, woher man kommt und warum man auf Erden ist, nicht beantworten. Man sucht den Weg zu Gott, zu dem verlorenen Paradies, will zurück „zum Vaterhaus" so, wie es in der Geschichte vom verlorenen Sohn beschrieben ist (s. Lk 15,11-32). Viele Menschen versuchen ihre eigene Religion zu verarbeiten. *„Jeder Mensch soll nach seiner eigenen Fasson glücklich werden"*, ließ der deutsche Kaiser verlauten. Jeder soll von mir aus selig werden mit seiner Religion und seinem Glauben! Doch was ist die wahre Religion? Gibt es überhaupt eine, sodass man sagen kann: „Das Christentum!", „Der Islam!", „Der

Buddhismus!" oder aber „Der Atheismus!"? Was ist die wahre Religion? Später gehe ich näher darauf ein. Bleibe dabei!

Viele entwerfen ihr eigenes göttliches Bild ihrer Vorstellung gemäß. Jeder schuf sich einen Gott nach seinem Bild! Was ist, wenn dir jemand deinen Herrgott wegnimmt? Was, wenn Er dir ausgeredet wird und man dir sagt: „Das ist nicht wahr"? Durch die Bibel spricht der Herr. Der Mensch sucht Gott. Er sucht eine Begegnung mit der Geisteswelt. Die Menschen, die vor der Sintflut existierten, ließen sich mit Dämonen und finsteren Mächten ein. Der Mensch war grundsätzlich religiös! Die Geister vermischten sich. Heutzutage glauben die Menschen an Astrologie, Heilkraft in den Steinen, Wahrsagerei, positives Denken u. a. Die Bibel ist grundsätzlich positiv. Doch positiv zu denken, ist nicht möglich aus sich selbst heraus! „Denke positiv!" – ich möchte sehen, wohin dich das bringt! Gott ist ein unsichtbarer Gott! Die meisten Menschen sind ahnungslos, weil sie den Herrn nicht erkennen! Aber an der Natur wird der Herr klar, wie nachfolgend geschrieben steht: **Denn sein unsichtbares Wesen – das ist seine ewige Kraft und Gottheit – wird seit der Schöpfung der Welt, wenn man es mit Vernunft wahrnimmt, an seinen Werken ersehen. Darum haben sie keine Entschuldigung (Röm 1,20).** Der Mensch erfasste, dass es ein höheres Wesen gibt, das alles regelte und ordnete. Die Religion vieler Menschen heutzutage ist nur minimal! Sie beinhaltet von allem etwas: ein wenig vom Hinduismus, ein wenig vom Buddhismus, ein wenig vom Islam, ein wenig vom Christentum, ein wenig von den Sekten. Alles wird vermengt, sodass ein religiöser Pool entsteht. Daran versuchen sie sich dann zu halten. Gott ist für sie nur eine undefinierbare, höhere Kraft bzw. Energie. Es gibt Parallelen zu den heutigen Esoterikern. Sie reden permanent von Energie und Lichtstrahlen und benützen Worte wie z. B. diese hier: „Gute Energie" und „Schlechte Energie", womit sie Gott und Satan meinen! An den Herrn bzw. an Jesus Christus wollen sie nicht glauben, aber an Energie. Alles auf dieser Welt ist Energie. Gott sprach, und es wurde, wie geschrieben steht, siehe hier: **Und Gott sprach: Es werde Licht! Und es ward Licht (1 Mose 1,3).** Die Atome begannen zu kreisen!

Die Menschen haben ein Minimum an Religion, aber dieses Minimum an Religion verlangt ihnen nichts ab. Dadurch wird keine Veränderung vollzogen. Man kann weitermachen wie bisher. Sobald es zu einem Ritual kommt, währenddessen man etwas begründen oder bekennen muss, also etwas, wozu man stehen muss, ruft man sofort aus: „Das ist eine Sekte bzw. eine Irrlehre!" In dem Moment, wo es verbindlich wird – und Religion ist etwas Verbindliches –, verwehrt sich das Individuum und lehnt sich dagegen auf! Wo ist die Verbindung zu Gott? Der Mensch versucht diese Verbindung durch gute Werke zu erreichen. Er betreibt Werkeseifer! Des Weiteren versucht er, den Herrn durch gute Gedanken zu erreichen. Durch Meditation vergegenwärtigt er sich Gott.

Als ich in der Sterbeklinik von Mutter Teresa in Kalkutta war, sah ich eine im Sitzen verweilende, sterbende Person. Eilends lief ich hin, da ich es als Auftrag erkannte, ihr zu helfen. Dieser Mann sah wüst, verdorben und verdreckt aus. Ich wollte ihm wenigstens ein paar Dollar geben, doch er lehnte entschieden ab. Ich fragte einen Bruder, warum er denn so abweisend wäre, worauf er mir die folgende Antwort mitteilte: „Mit deiner Hilfe verdirbst du sein Karma! Er glaubt, dass er dadurch abermals zur Erde zurückkehren müsse, weil er dieses und jenes noch nicht oder nur teilweise absolviert habe." Die Leute glauben an die Reinkarnation, nicht aber an die Wiedergeburt! Während der Meditation denken sie so lange über diese Dinge nach, bis sie an ihre Grenzen stoßen in ihrer jeweiligen Religion.

Ich suchte Gott! Ich kam aus dem Kommunismus und befasste mich mit der Lehre des Buddhismus u. a. Mit dem Christentum befasste ich mich auch, doch ich dachte, es sei Opium für das Volk, gemäß der Äußerung von Karl Marx. So wurde ich zu einer antireligiösen, antigöttlichen Person geprägt. Dieses Gedankengut hatte ich in mir. Doch ich wollte es genau wissen! „Was ist die Wahrheit?", wollte ich erfahren! Ich gebe auch heute folgenden Tipp: Probiert es aus, dann werdet ihr der Wahrheit innewerden. In allen Religionen sind eine Vielzahl von guten Angeboten enthalten! Ich will nicht behaupten, dass die Religionen verkehrt sind. Alle Religionen sind gut! Aber sie führen nicht zum Ziel! Plötzlich, im entscheidenden Moment, ist es so, als ob du vor dickem Panzerglas sitzen würdest! Du sitzt da und gelangst nicht hindurch! Auf der anderen Seite sind das Paradies, der Himmel und die Ewigkeit sichtbar. Du siehst all die wunderbaren Dinge, die mystisch und übersinnlich sind, aber du reichst nicht an sie heran! Es ist eine Blockade vorhanden! Es gibt ein Hindernis! Auf dieser Welt dreht sich alles um die Erlösung! Der Grund, weshalb wir auf der Welt sind, lautet Erlösung! Das setzt den wahren Gott voraus!

Gebet allein reicht nicht aus! Den Herrn findet man nicht allein durch Gebet! In nahezu alle Religionen ist das Gebet integriert und hat eine Schlüsselfunktion. Die dem Islam zugehörigen Gläubigen beten fünfmal pro Tag. Sie rufen aus: „Gott ist groß!", „Gott ist mächtig!", „Gott ist stark!" u. a., doch sie gelangen nicht zu Ihm! Wie erlebe ich Gott? Ich fragte mich solches. Auf dieser Welt geht es um das Heil! Wir sind auf Erden, um das ewige Leben zu empfangen! Alle Menschen werden einmal das ewige Leben empfangen. Die Frage ist nur, wo ein Mensch die Ewigkeit verbringt! Der Sohn des Freidenkers, dessen Trauerfeier ich vorab erwähnte, stellte die folgende Frage: „Wo wird mein Vater wohl jetzt sein?" Die Antwort lautet: *„Es kann die Spur von meinen Erdentagen nicht in Äonen untergehn."*

Auf die Frage, die das Jenseits betrifft, haben viele Religionen keine Antwort. Im Buddhismus und im Hinduismus formuliert man es wie folgt: „Ja, wenn du nicht brav warst, wirst du wieder auf die Erde entlassen!" Als Vogel, Ameise o. a., sollst du dich solange weiterentwickeln, bis der Reinigungsprozess vollzogen wurde. Das Nirwana wirst du kaum erreichen. Selbst Buddha erreichte das Nirwana nicht! Im letzten Punkt scheiterte er. „Wer kann uns helfen?" „Wer kann uns mit Gott versöhnen?" Das sind die Fragen, die wirklich den Glauben und die Religion ausmachen! Die Menschen, ob es nun die Inkas, die Mayas oder die Azteken, die Griechen, die Römer oder die Babylonier waren, versuchten, Gott zu beschwichtigen. Alle diese Volksstämme und Kulturen waren fromm! Ihre Frage lautete: „Wer bringt uns zu unserer Bestimmung und zu unserem Ausgangspunkt, an den Ort, von dem wir kamen?"

Für die meisten Menschen in unserem wissenschaftlichen Zeitalter ist Gott tot. Alles dreht sich nur um den Materialismus. Ein Pfund Gulasch ergibt eine gute Suppe. Das ist das einzige, was heute zählt. Doch wir brauchen mehr als nur ein Pfund Gulasch oder Rindfleisch! Man braucht einen Gott! Der Mensch, der keinen Gott hat, sagt: „Gott ist tot!", „Gott ist Materie!" oder „Gott ist Energie!" Gott ist mehr als das alles! „Die meisten Gebete", wie die Materialisten, Atheisten und gottlosen Menschen äußern, „vermag ich mir selbst zu erhören!" Das ist auch so. Wenn du krank bist, gehst du zum Arzt, wenn du Geld brauchst, gehst du zur Bank, wenn du nicht alles verstehst, helfen dir die künstlichen Intelligenzen weiter. Supercomputer nehmen für dich das Denken vor. Wenn du krank bist, nimmst du das jeweilige Medikament ein. Die meisten Gebete erhörst du dir selbst, doch das reicht bei Weitem nicht aus! Du benötigst den Frieden des Herrn, den Frieden mit der Ewigkeit und mit dir selbst! Für viele Menschen ist das nur noch eine Wahnvorstellung.

Atheisten äußern das Folgende: „Nur kleine Kinder, alte Omas und Menschen mit wenig Verstand" – unterbelichtete und ungebildete Menschen also – „glauben an den Herrn!" Die Frage, die sich mir stellt, ist die folgende: Was ist unwissend? Was ist ahnungslos? Ist der Glaube an den Herrn nur etwas für primitive und dumme Menschen? Ich bin davon nicht überzeugt! Der Glaube an den Herrn ist auch nicht nur etwas für verrückte Menschen! Vielleicht doch, denn „Kinder und Narren sagen die Wahrheit" lautet eine alte Volksweise. Sie sind dem Himmel viel näher! Ich flechte das folgende Beispiel ein: Nachdem ich eine Beerdigung in Berlin Neukölln abgehalten hatte, fragten die Großeltern das vierjährige Kind, dessen Mutter verstorben war, wo sich denn nun seine Mutter aufhalten würde, worauf es zur Antwort gab: „Meine Mutter ist im Himmel und schaut auf mich herab!" Die Kinder wissen, wo sich die lieben Verwandten aufhalten. Es kam aus einem atheistischen Haus, in dem weder etwas vom Evangelium noch vom Christentum noch vom Glauben gepredigt wurde. Überzeugt rief das kleine Kind aus, dass sich seine Mutter im Himmel befinden würde, obwohl ich das gar nicht gepredigt hatte. Wo sich der Himmel befindet, ist eine andere Frage. Aber dieses Wissen ist den Kindern anheimgestellt. Narren wissen es auch! Du solltest auf die Leute, die psychisch krank sind, achtgeben. Oft werden sie als psychisch krank eingestuft, weil sie niemand versteht! Ich hielt einmal in einer psychiatrischen Klinik, die sich in Weinsberg befindet, einen Besuch ab, als mir am Eingang ein Mann begegnete, der mich fragte, wie spät es denn sei. Ich erteilte ihm eine Antwort. Kurze Zeit später stand ich am Empfang und erkundigte mich danach, wo sich eine bestimmte Person aufhalten würde, die ich besuchen wollte. Dort ereignete sich derselbe Vorfall. Der Patient trat auf mich zu und stellte mir dieselbe Frage noch einmal. Ich erwiderte dasselbe und er nahm es kommentarlos hin. Später begegnete ich dieser Person am Parkplatz abermals. Er stellte mir noch einmal dieselbe Frage. Ich antwortete ihm, da ich bereits wusste, wen ich vor mir hatte. Plötzlich rief er das Folgende aus: „Mein Herr, es wird immer später!" So präzise und genau kann das Evangelium nur ein Narr wiedergeben! Entschuldigung, aber diese Person ist dem Himmel sehr nah! Aus dem Wort Gottes geht hervor, dass der Herr Sein Lob aus dem Mund der Unmündigen zubereitet hat (s. Mt 21,16; Ps 8,3).

Was wir benötigen, ist nicht nur ein bisschen Bildung, Naturwissenschaften usw., damit unsere Wahnvorstellungen geheilt werden. Vielmehr brauchen ungläubige Menschen Heilung, denn sie glauben Unfug! Ich brauche mehr Kraft, Energie und Wirkstoff, um an den Urknall zu glauben, als daran, dass der Herr die Welt schuf! Denken und Argumentieren ist nicht Glaube! Glaube ist viel mehr! „Religion oder

Jesus" lautet mein heutiges Thema. Jeder muss selbst den Herrn suchen und finden! Gott spricht durch Amos zu den Menschen das, was nachfolgend geschrieben steht: **Suchet den HERRN, so werdet ihr leben (Am 5,6a).** Wir müssen damit anfangen, den Herrn zu suchen! Wir haben den Herrn verloren! Wir haben Gott für tot erklärt! Wir leben in der westlichen Welt so, als gäbe es keinen himmlischen Vater! Ich bin fasziniert von Indien, Pakistan und den arabischen Regionen! Diese Länder sind noch gottesfürchtig! Diesen Glauben, diese Gottesfurcht und diesen Respekt vor dem Herrn habe ich in Deutschland nirgendwo gesehen!

Es steht geschrieben: **Jesus spricht zu ihm: Ich bin der Weg und die Wahrheit und das Leben; niemand kommt zum Vater denn durch mich (Joh 14,6).** Das ist für mich ein Schlüsselvers! Jesus sprach: *„Ich bin der Weg und die Wahrheit und das Leben".* Das ist so absolut und radikal! Buddha sagte: „Ich bin nur ein Weg von vielen." Das heißt so viel wie: „Ich bin nur eine Möglichkeit von vielen." Jesus kann sagen: „Ich bin der Weg." Das ist so absolut und so radikal! Da gibt es nichts zu deuteln! Wer die Wahrheit finden will, muss zuvor Jesus gefunden haben! Er muss sich mit Jesus und den Evangelien befassen! In den Evangelien finden wir die Geschichte Jesu. In den Gleichnissen finden wir Jesus, nicht etwa dieses und jenes oder nette Geschichten. Das Evangelium sind Geschichten, die in Form von Gleichnissen wiedergegeben werden, damit die Leute sie entdecken, darüber nachsinnen und reden.

Alles ist Religion. Das Schachspiel beispielsweise kam von Indien über Italien nach Europa. Ebenso das Kartenspiel. Diese Spiele sind nichts anderes als Gedanken. Wenn ein Spiel beendet ist, beginnt ein neues. Das ist damit gemeint. So ist das Leben. Es ist einmal zu Ende und etwas anderes beginnt; ein neues Spiel bzw. eine neue Geschichte. Wer die Wahrheit finden will, muss dieses Spiel bzw. diese wunderbaren Geschichten, die sich um Jesus herum zutragen, erkennen. Das sind nette Geschichten für Kinder. Der Kinderglaube muss Erweckung finden! Jesus sprach, was nachfolgend geschrieben steht: **Wahrlich, ich sage euch: Wenn ihr nicht umkehrt und werdet wie die Kinder, so werdet ihr nicht ins Himmelreich kommen (Mt 18,3).** Kinder sind gläubig! „Meine Mama ist im Himmel und schaut hernieder auf uns!", sprach das kleine Kind. Mir brach beinahe das Herz, als ich das hörte! Dieses Kind hatte es verstanden! Dieses Kind hätte die Trauerrede halten sollen! „Meine Mama ist dort oben!", teilte es mir mit ohne zu weinen, obgleich es zum Weinen gewesen wäre, denn dessen Mutter war noch nicht so alt.

Wer die Wahrheit finden will, muss zuerst Jesus finden! Erst dann kann er sich auf die Suche nach den Religionen begeben. Darin wird er auf viele Wahrheiten stoßen. Ich denke nur an das Judentum, die Tora, die fünf Bücher Mose. Darin sind Lebensregeln enthalten. Sie geben Aufschluss darüber, wie man leben sollte. Desgleichen die Propheten-Rollen, wie z. B. geschrieben steht, siehe hier: **Abraham aber sprach: Sie haben Mose und die Propheten; die sollen sie hören (Lk 16,29).** Hier erzählt Jesus die Geschichte von dem reichen Mann und dem armen Lazarus (s. Lk 16,19ff.).

Alle Religionen haben ein Ziel: Die Menschen wollen Gott finden! Sie wollen Anschluss zum Herrn erlangen! Sie fragen sich: „Wie erreiche ist das? Wer rettet mich? Rettet mich Buddha? Rettet mich Mohammed? Rettet mich Konfuzius?" Religionen weisen auf die folgende Notwendigkeit hin: Man braucht einen Retter! Man benötigt jemanden, der das Opfer bringt und der den Durchbruch zum Sieg verschafft! Das ist wie bei allen Sagen, Märchen und Legenden! Man braucht einen Prinzen, der „hinter den sieben Bergen ist", der alles riskiert und ausruft: „Ich wage es! Ich werde dir diese weiße Rose bringen!" Du brauchst einen todesmutigen Retter! Jesus war todesmutig! Er „trat in den Riss" und verausgabte sich für uns!

Viele geben ihr Bestes und versuchen, Gott zu erreichen. Die Fragen, die sie stellen, sind die folgenden: „Warum gibt es so viel Leid auf Erden?", „Warum müssen wir dieses Leid erfahren?" oder „Warum werde ich krank?" Alle Menschen erfahren Krankheit und Leid. Ab dem vierzigsten Lebensjahr beginnt die Leidensphase mehr und mehr. Je älter du wirst, desto mehr Zipperlein bekommst du. Es steht geschrieben: **Denk an deinen Schöpfer in deiner Jugend, ehe die bösen Tage kommen und die Jahre nahen, da du wirst sagen: »Sie gefallen mir nicht« (Pred 12,1).** Dann stöhnst du laut, weil du die Treppen nicht mehr so schnell steigen kannst. Du rufst aus: „Ich kann nicht mehr so schnell gehen!" Alle diese Fragen eines suchenden Menschen finden wir im Buch Hiob vor! Dieses Buch ist eines der ältesten Schriften der Bibel. Die Reden seiner Freunde – sie sind hochinteressant – sind in Wahrheit seine eigenen Gedanken, mit denen er sich auseinandersetzt. Seine Gedanken werden hier literarisch verarbeitet. Es sind viele gute Gedanken enthalten, aber es gibt keine erlösende Antwort! Diese Weisen, Lehrer und Freunde Hiobs haben keine Antwort. Alle meine Gedanken führen zu keiner Antwort, warum das Leid vorhanden ist. „Warum verliere ich das? Warum muss ich das erdulden? Warum habe ich Schmerzen?" Es steht geschrieben: **Kein Schiedsmann ist zwischen uns, der seine Hand auf uns beide legte! (Hiob 9,33)** Nachdem Hiob das alles vernahm, rief er aus: „Gibt es denn keinen Schiedsmann, Schlichter, Richter oder Vermittler?" Dieses ganze Gefasel nützt nicht viel. Jemand ist nötig, der zwischen uns vermittelt! Jesus ist dieser Mittler zwischen Gott und dem Menschen! Allein durch Ihn kann unsere Erlösung vollzogen werden! Hiob findet schließlich sich selbst und sagt: „Ihr findet die Antwort nicht heraus! Ich bin zwar am Ende angelangt, *aber ich weiß, dass mein Erlöser lebt"* (s. Hiob 19,25a). Und ganz am Schluss ruft er aus, was nachfolgend geschrieben steht: **Ich hatte von dir nur vom Hörensagen vernommen; aber nun hat mein Auge dich gesehen (Hiob 42,5).** Hiob erkennt: „Ich habe gar selbst den Schiedsmann, den Schiedsrichter, den Schlichter erlebt!" Das müssen wir selbst herausfinden! Derartiges Gefasel wie: „Du musst mehr glauben, mehr beten, mehr in die Kirche gehen, mehr opfern, mehr fasten, mehr danken, mehr loben, mehr preisen" u. v. m. hilft uns nicht weiter! Das war es, was der gottesfürchtige Hiob tat! Trotzdem ging es Hiob schlecht! Trotzdem verlor er alles!

Wenn du weißt, dass dein Erlöser lebt, hast du einen persönlichen Gott! Du hast einen Schiedsrichter, der pfeift und sagt: „Kommt, versöhnt euch. So sind die Spielregeln. So wird gespielt!" Sobald du diesen Schiedsmann zwischen mir und dir und diesem und jenem hast, hört dieser ganze Gotteswahn auf. Dieser Schiedsmann beantwortet die fundamentalen Fragen des Lebens: „Wie bin ich auf die Erde gelangt?" *„Vom Himmel hoch da komm' ich her! Ich bring euch eine gute Mär'"*, das ist die gute Nachricht. Jesus kam! Er sprach, was geschrieben steht, siehe hier: **Denn der Menschensohn ist gekommen, zu suchen und selig zu machen, was verloren ist (Lk 19,10).** „Warum bin ich hier? Und wohin gehe ich? Was ist die Lösung meines Lebens?" Diese Kardinalfrage beantwortet Er! Der Schiedsmann spricht zu uns die Wahrheit. Deshalb heißt es: „Ich bin der Weg", „Ich bin die Wahrheit!" Er ist neutral. Er kommt von Gott, wie nachfolgend geschrieben steht: **Denn er hat den, der von keiner Sünde wusste, für uns zur Sünde gemacht, auf dass wir in ihm die Gerechtigkeit würden, die vor Gott gilt (2 Kor 5,21).** Jesus urteilt fair! Er urteilt gerecht! Er urteilt unparteiisch! Er nimmt diese und jene Seite und bringt sie als Mittler zusammen. Das ist Jesus Christus.

Mein heutiges Thema ist „Religion oder Jesus". Sobald du vor dem „Schiedsrichter" und dem Schiedsgericht standest, kannst du die Welt mit anderen Augen sehen. Plötzlich hast du für alles eine Erklärung, eine Lösung, eine Patentlösung sogar. Denn das, was du weder verstehst noch glaubst, wird dir klar. Jesus spricht: „So geht das Spiel jetzt weiter!" Wie bei einer Fußballmannschaft auf dem Spielfeld regelt der Schiedsrichter das Spiel und greift ein. Jesus ist dieser Schiedsmann, nach dem Hiob Ausschau hielt: „Ich brauche einen Schiedsmann!" Erst dann, wenn du das verstanden hast, kann deine Lebensgeschichte weiter verfasst werden. Vorher stagniert alles! Du „drehst dich im Kreis" und kommst nicht weiter. Empfange den Heiligen Geist! Er ist der Paracletus, der Tröster, der dir alles erklärt. Er korrigiert dich und teilt dir entweder die rote oder die gelbe Karte zu. Das Spiel geht entweder weiter, oder du verlässt das Spielfeld. Plötzlich begreifst du, was gut und böse ist. Es steht geschrieben: **Wir wissen aber, dass denen, die Gott lieben, alle Dinge zum Besten dienen, denen, die nach seinem Ratschluss berufen sind (Röm 8,28).** Du weißt auf einmal: „So verhält es sich, weil der himmlische Vater mich liebhat und weil ich ein Freund Gottes bin!"

Das Leben ist kein Spiel, in dem jeder tun kann, was er will. Es ist keine Wunschreligion, wie etwa: „Ich stelle mir das so oder so vor!" Nein! Es gibt feste, göttliche Spielregeln, an die man sich halten muss, auch heute, jetzt und hier! Was du säst, wirst du ernten. Wenn du den Baum verkehrt einpflanzt, wird er nicht recht gedeihen. Er wird sich verkehrt entwickeln! Das Leben hat einen Anfang, einen Zweck und ein Ende. Und das Leben wird fortgesetzt in einer neuen, anderen Dimension. Außer der Schöpfung – wenn ich ganz ehrlich bin – gibt es keine klaren, deutlichen Gottesbeweise. Alles andere ist nur Philosophie, Denken, Sinnen und Trachten. Der Herr ist ein verborgener Gott, doch in der Natur, in der Schöpfung, lässt Er sich finden! Darin ist „Seine Handschrift" verborgen. Wenn der Herr uns begegnet, sprechen wir von Schicksal oder Zufall. Für mich ist Schicksal und Zufall nur ein Pseudonym, wenn Gott nicht unterschreiben möchte.

Jesus sprach zu den Juden, was nachfolgend geschrieben steht: <u>Er aber antwortete und sprach zu ihnen: Ein böses und ehebrecherisches Geschlecht fordert ein Zeichen,</u> und **es wird ihm kein Zeichen gegeben werden außer dem Zeichen des Propheten Jona (Mt 12,39).** Der Herr ist ein verborgener Gott. Man nimmt es an oder nicht. Der Herr offenbarte sich in Jesus Christus am Kreuz, gleich Mose am brennenden Busch; dieser da-seiende Gott. „Ich bin, der ich war und bin und sein werde", rief Er aus (s. 2 Mose 3,14a). Das heißt so viel wie: In jeder Situation ist Er gerade das, was du benötigst. Deshalb finde ich es töricht, wenn die Leute in der heutigen Zeit der Corona-Pandemie sagen: „Ich bin ein Risikopatient!" Sprich niemals die Worte „Ich bin" aus und füge etwas Negatives hinzu, auch wenn du noch so voller Risiken bist! Das, was du sagst, erweckst du zum Leben! Du ziehst es an! Auch wenn du nichts bist. Du sollst den Herrn nicht beleidigen, Ihn weder lästern noch Ihm ein falsch Zeugnis geben, denn so offenbarte sich Gott dem Mose: „Ich bin der da-seiende Gott."

Paulus durchstreifte Athen, erblickte zahlreiche wunderbare Altäre und war entsetzt darüber. Die alte Welt war furchtbar religiös! Für alles hatten sie einen Gott: für die Eheleute, für die Arbeiter, für die Geschäftsleute – einfach für alles hatten sie einen Gott. Er sprach auf dem Aeropag: „Athener, ihr seid so gottesfürchtig. Ich fand bei euch einen Altar, der dem unbekannten Gott geweiht war!" Lies es selbst nach. Es steht geschrieben: **Paulus aber stand mitten auf dem Areopag und sprach: Ihr Männer von Athen, ich sehe, dass ihr die Götter in allen Stücken sehr verehrt. Denn ich bin umhergegangen und habe eure Heiligtümer angesehen und fand einen Altar, auf dem stand geschrieben: Dem unbekannten Gott. Nun verkündige ich euch, was ihr unwissend verehrt (Apg 17,22f.).** Die Athener dachten sich: „Vielleicht haben wir doch einen Gott übersehen! Und diesem unbekannten Gott wollen wir einen Opferaltar errichten!" Weiter sprach der Apostel: „Nachdem ich diesen Altar erblickt habe, möchte ich euch von diesem unbekannten Gott erzählen (s. Apg 17,24-30), von diesem Gott, der solange unbekannt geblieben war, bis Er sich in Jesus Christus offenbarte" (s. Apg 17,31). Die Juden rätselten: „Für welche Zeit weissagt dieser Prophet? Welche Bedeutung steckt dahinter? Welchen Nutzen haben wir davon?" Die Propheten beschrieben zwar diese herrlichen Dinge, doch das Geheimnis der Gemeinde wurde ihnen nicht geoffenbart! Sie waren ahnungslos, dass Jesus, der Messias – dieser wahre Messias –, kommt, und davon, wer Er ist. Das Buch Daniel enthält deutlich etwas über die sogenannten siebzig Jahrwochen (s. Dan 9,24ff.). Das ist eine Predigt für sich selbst! Exakt bis auf Jahr und Tag ist darin berichtet, wann der Messias kommen und wie es Ihm ergehen wird: „Wenn das Gebot ausgehen wird, dass der Tempel wiedererrichtet werden soll, dann wird der Messias getötet." Die Kreuzigung Jesu war festgelegt! Doch das ist ein anderes Thema. Irgendwann werde ich darüber eine Predigt abhalten.

Das Göttliche muss erlebt und erkannt werden! Mein Bewusstsein muss das erfassen! Mein Unterbewusstsein muss ergriffen sein und ausrufen: „Mein Gott lebt! Mein Herr sitzt im Regiment! Mein himmlischer Vater hat noch alles unter Kontrolle!" Der Mensch hat sich emanzipiert und von Gott entfremdet. Er wird allmählich zum Tier, zum Antichristus, zur Bestie (s. Offb 13). Der Mensch ohne Gott wird zur Bestie, sonst gäbe es kein Auschwitz, kein Abwurf der Atombombe über Nagasaki und Hiroshima u. Ä. Ja, der Mensch wird zu einer Bestie! Das schlimmste Wesen in dieser Welt ist der entgöttlichte Mensch, der gleich einem Raubtier ist! Die Technik beherrscht den Menschen. Dennoch hat jeder Mensch eine tiefe Sehnsucht nach dem Übernatürlichen. Was glaubst du, warum es die Weltraumfahrt gibt? Warum sitzt der Mensch in einer Raumkapsel? Der Mensch will übernatürliche und übersinnliche Erfahrungen machen. Leute machen Drogenerfahrungen, damit sie das Übersinnliche erleben. Sie wollen einmal außer sich sein und Ekstase-Erfahrungen sammeln. Technokraten wollen durch Raumfahrten die Grenzen durchbrechen. „Wie weit können wir gehen?", fragen sie. Sie wollen neue Welten entdecken! Demnächst wollen sie zum Mars fliegen! Sie wollen die Welt entdecken, aber sie haben noch nicht einmal „ihre eigene Welt" so recht im Griff und unter Kontrolle. Sieh nur die Unterwelt! Was meinst du, welche Schönheit und Größe in der Tiefe des Meeres zu finden ist! Betrachte nur einmal den Marianengraben! Doch „hinabsteigen" wollen die Menschen nicht! Sie wollen hoch hinaus! Der Teufel will hoch hinaus. Ohne Jesus, offen und ehrlich gesagt, kommst du nicht höher als bis zur Decke.

Der Mensch hat eine Sehnsucht, über sich selbst hinauszuwachsen. Deshalb sprach Jesus, was nachfolgend geschrieben steht: **<u>Wer mich sieht, der sieht den Vater (Joh 14,9b).</u>** An Jesus sieht man, wie Gott wirklich ist; wie das Leben, die Realität bzw. die Wirklichkeit ist. Sie ist brutal, lieblos und ungerecht. Wir sehen, wie der Sohn Gottes Jesus das alles meistert. Das alles durchlebte Jesus, bevor Er uns mit Gott versöhnte! Er durchlitt die Hölle. Erst danach kam die Auferstehung. Das sind die

Elemente der Gotteserfahrung! Das Kreuz, die Auferstehung und Himmelfahrt sowie die Ausgießung des Heiligen Geistes sind Gotteserfahrungen, die du nicht in der Religion durchläufst. Du kannst zwar etwas darüber lesen und es nachahmen oder nachäffen, aber die Erfahrung des Übersinnlichen kannst du nur durchleben, wenn du dich Gott hingibst. Es ist mehr als nur Religion oder Kult. Das Kreuz ist ein Sterbeprozess! Die meisten Leute wollen das Kreuz nicht und lehnen es ab. Ich meine damit nicht nur das Holzkreuz, sondern das Kreuz des Leidens und des Sterbens. Eben dieses Kreuz lehnen sie ab. Nur über das Sterben ist es möglich, den Himmel zu erreichen! Als wir einmal in Frankfurt Oder evangelisierten und auf der Straße Traktate verteilten, überbrachte mein Bruder, während er einer Frau einen solchen Handzettel reichte, folgende Botschaft: „Ich möchte Sie zu Gott einladen!" Daraufhin rief sie aus: „Nein, ich möchte noch nicht sterben!" Selbst die Atheisten wissen, dass sie „sterben" müssen, um Gott zu begegnen. Sie müssen diesen Sterbeprozess durchlaufen: loslassen, aufgeben, hergeben und vieles mehr! Johannes sprach, wie nachfolgend geschrieben steht: **Er muss wachsen, ich aber muss abnehmen (Joh 3,30).** Jesus in uns muss wachsen! Das ist der Weg zu Gott, und nicht etwa der, nur etwas für wahr zu halten! Viele Leute halten etwas für wahr. Sie glauben an ein höheres Wesen, an die Sonne, an irgendeinen Planeten o. a. Die Katze auf dem Dach ist auch ein höheres Wesen.

Im Garten Gethsemane erlebte Jesus Gott: *„Vater, doch nicht mein, sondern Dein Wille geschehe!"* (Lk 22,42b) Er wusste: „Jetzt geht es ums Ganze!" Er schwitzte Wasser und Blut! *„Dein Wille geschehe!"* Wir gelangen zu Gott, indem wir in unserem Leben klipp und klar sagen: „Gott, Vater, Heiliger Geist! Dein Wille geschehe!" *„Ich bin der Weg und die Wahrheit und das Leben"*, sprach Er. Von Jesus hast du nichts. Er starb, fuhr in den Himmel auf und sitzt nun zur Rechten der Majestät Gottes. Doch Sein Vorbild und Sein Beispiel gibt uns Aufschluss! Wir sollen Seinem Beispiel folgen und in Seinen Fußspuren wandeln! *„Lernt von mir"*, sprach Er (s. Mt 11,29a), und „Lehret alles, was ich euch gesagt habe" (s. Mt 28,19a). So erleben wir den verborgenen Gott. In deiner Kammer merkst du plötzlich das Kreuz, den Tod, und dann die Wiedergeburt! Nicht etwas eine Inkarnation! Die Wiedergeburt ist etwas viel Größeres! Das heißt nicht etwa, dass ich nochmals in diese Welt zurückkomme. Nein!, ich werde eine neue Schöpfung! Das Alte vergeht! Ich werde wieder lebendig wie dieser Hiob. Er lag in seinem Schutt, in seinem Dreck, in seinem Mist, in seiner Not, in seinem Elend! Und plötzlich ruft er die Worte aus: *„Ich weiß, dass mein Erlöser lebt“,* und dann: *„Ich hatte von Dir nur vom Hörensagen vernommen“* – diese Erkenntnis kann dir die Kirche und Religion vermitteln, ja, aber Hiob bekannte: *„Aber nun hat mein Auge Dich gesehen.“* Das, was du mit deinen eigenen Augen gesehen hast, kann dir keiner mehr wegnehmen! Was du mit deinen Fingern, mit deiner Haut, berührt hast, kann dir keiner mehr nehmen! In der Kirche, in der Religion, in der Gemeinde, in der Predigt *hörst* du nur von Gott. Doch du sollst den Herrn selbst berühren! Du sollst selbst hindurchtreten und prüfen, „ob das Eis dich trägt oder nicht“. „Jetzt habe ich Dich hautnah erlebt! Du bist mir nun kein verborgener, unbekannter Gott mehr, denn ich weiß, dass mein Erlöser“ – dieser Schiedsmann – „lebt!“

„Religion oder Jesus?“ Das Göttliche ist dieser Welt verborgen! Der Herr möchte in uns Einzug halten! Bei manchen ist der Glaube dreißig Zentimeter zu hoch. Dieser Glaube muss ins Herz dringen! Es steht geschrieben: **Denn wenn du mit deinem Munde bekennst, dass Jesus der Herr ist, und glaubst in deinem Herzen, dass ihn Gott von den Toten auferweckt hat, so wirst du gerettet. Denn wer mit dem Herzen glaubt, wird gerecht; und wer mit dem Munde bekennt, wird selig (Röm 10,9f.).** Dann kannst du sagen: „Ich bin kein Risikopatient mehr! Nein! Ich bin gesund! Ich bin geheilt!“ Hiob war ein Risikopatient! Neun Monate lang ging er durch die Hölle! Pest, Pocken und was er nicht alles hatte! Er litt! „Ich weiß, dass mein Erlöser lebt!“, und er begann ein neues Leben.

Es begab sich, dass ein reicher Jüngling, den Herrn Jesus aufsuchte. Dieser reiche Jüngling war religiös. Er fragte: „Wie komme ich in den Himmel? Wie erreiche ich das Reich Gottes?" Jesus antwortete, wie geschrieben steht, siehe hier: **Du kennst die Gebote: „Du sollst nicht töten; du sollst nicht ehebrechen; du sollst nicht stehlen; du sollst nicht falsch Zeugnis reden; du sollst niemanden berauben; du sollst deinen Vater und deine Mutter ehren." Er aber sprach zu ihm: Meister, das habe ich alles gehalten von meiner Jugend auf. Und Jesus sah ihn an und gewann ihn lieb und sprach zu ihm: Eines fehlt dir. Geh hin, verkaufe alles, was du hast, und gib's den Armen, so wirst du einen Schatz im Himmel haben, und komm, folge mir nach! (Mk 10,19-21)** Und ich setze fort: **Er aber wurde betrübt über das Wort und ging traurig davon (Mk 10,22a).** Die Jünger begannen zu zweifeln: *„Wer kann dann selig werden?"* (Siehe Mk 10,26b) Ich lese, was im Evangelium nach Lukas Kapitel 18 geschrieben steht: **Als er das hörte, wurde er traurig; denn er war sehr reich (Lk 18,23).** Jesus merkte es und sprach darüber, wie schwer es ist, ins Reich Gottes zu gelangen. Da ist noch so viel Klimbim, noch so viel Anhang, noch so viel Drumherum. Löse dich davon! Gib es her! Es ist schwer für einen reichen Menschen mit vielen Besitztümern ins Reich Gottes zu gelangen! Gott verdammt den Reichtum nicht. Er segnet die Reichen. Aber die meisten Menschen hängen an ihrem Besitz! Das ist ihr großes Problem! Des Weiteren steht geschrieben: **Denn es ist leichter, dass ein Kamel durch ein Nadelöhr gehe, als dass ein Reicher in das Reich Gottes komme (Lk 18,25).** Mit Nadelöhr ist nicht etwa die Strick- oder Häkelnadel gemeint, sondern das Stadttor, welches so schmal war, dass es nicht gelang, mit einem Rucksack hindurch zu treten. Man musste sich hindurchzwängen. Wenn jemand zu dick war, gelang es demjenigen nicht. Nadelöhr: Eher geht ein Kamel durch ein Nadelöhr, als ein Reicher in das Reich Gottes gelangt. Und ich fahre fort mit dem, was nachfolgend geschrieben steht: **Da sprachen, die das hörten: Wer kann dann selig werden? Er aber sprach: Was bei den Menschen unmöglich ist, das ist bei Gott möglich (Lk 18,26f.).**

Dann trat Petrus auf. Schön, dass solches stattfand und er Jesus fragte. Durch seine Fragerei gelang es ihm, Jesus viele Wahrheiten zu entlocken. Er sprach, was nachfolgend geschrieben steht: <u>Da sprach Petrus:</u> **Siehe, wir haben, was wir hatten, verlassen und sind dir nachgefolgt. Er aber sprach zu ihnen: Wahrlich, ich sage euch: Es ist niemand, der Haus oder Frau oder Brüder oder Eltern oder Kinder verlässt um des Reiches Gottes willen, der es nicht vielfach wieder empfange in dieser Zeit und in der kommenden Welt das ewige Leben (Lk 18,28-30).** Hiob wurde doppelt gesegnet!, irdisch und geistlich, natürlich und übernatürlich, wie geschrieben steht, siehe hier: **Und der HERR gab Hiob doppelt so viel, wie er gehabt hatte (Hiob 42,10b).** Das ist Religion! Das ist Jesus! Das ist Glaube! Das ist die göttliche Wirklichkeit! Der Herr wendete für ihn alles zum Guten! Es steht geschrieben: **Und es kamen zu ihm alle seine Brüder und alle seine Schwestern und alle, die ihn früher gekannt hatten, und aßen mit ihm in seinem Hause und sprachen ihm zu und trösteten ihn über alles Unglück, das der HERR über ihn hatte kommen lassen. Und ein jeder gab ihm ein Goldstück und einen goldenen Ring. Und der HERR segnete Hiob fortan mehr als zuvor (Hiob 42,11-12a).** Silber ist ein Bild auf die Erlösung! „Mein Auge sah den Herrn! Meine Hand berührte Gott! Halleluja!" Das ist mehr als Religion! Hier erlebte Hiob seine Verwandlung! Er erfuhr sein wahres Menschsein!

Ohne diese Verwandlung gibt es bis heute kein echtes, vollständiges Menschenbild, kein echtes Menschen-Dasein, kein Gottesverhältnis! Der Mensch muss zuvor „zerbrochen werden"! Das Weizenkorn muss in die Erde fallen und ersterben, bevor es aufgehen kann (s. Joh 12,24a). Das ist praktisches Evangelium, nicht nur Theorie! Ohne diese Verwandlung gibt es keine Gottesoffenbarung! „Jetzt hat mein Auge Dich gesehen!" Jeder, der in das Reich Gottes gelangen will, muss sich durch dieses „Nadelöhr" zwängen. Das ist dieser Todesweg, diese Gethsemane-Besuch; er muss im Garten Gethsemane sein und sich durch diese enge Pforte bemühen. Das sind diese göttlichen Durchgänge, die uns in den Himmel bringen und die uns zum wahren

Menschsein führen, und nicht kultische Zeremonien wie etwa: „Lieber Gott! Heiliger! Allmächtiger!", Klimbim, Weihrauch u. a. Das ist nichts Wahres. Da vergeht einem diese ganze Spinnerei! Sondern: „Herr, bist Du so hart und grausam?" Betrachte Hiob!

Religion ohne Jesus: Auch das sogenannte Christentum ist zu einer Religion geworden; eine Religion ohne Jesus! Ich verwende nicht gern das Wort Christentum, denn es ist evangelisch, katholisch oder sonst noch irgendwas! Es ist so schwer, sich damit zu identifizieren! Es ist so flach, so verkommen und so verdorben! Es ist durch so viele Skandale belastet! Missbrauch-Skandale von dieser oder jener Kirche! Es ist mit so viel Klimbim, Firlefanz und Livestream belastet. Jesus wird als Etikette missbraucht! „Jesus" sowie „In dem Namen Jesu" – das ist nur Etikettenschwindel! Ist in der Flasche überhaupt enthalten, was auf dem Etikette steht? Jesus erniedrigte sich selbst. An Jesus spürst du, wie der Herr funktioniert! Der große Gott wurde unsichtbar, vermenschlicht und erniedrigt! Er durchschritt den Dreck, den Abfallhaufen, das war das Kidrontal, damals die Müllhalde von Jerusalems. „Wo ist Gott?" bzw. *„Mein Gott, mein Gott, warum hast Du mich verlassen?"*, so schreit der Sohn Gottes am Kreuz! Ich predige hier von diesem unbekannten Gott, denn ich habe festgestellt, dass viele Menschen aus unserer Region und aus unserer Hemisphäre keine Ahnung haben, wer Gott überhaupt ist! Der vergessene Gott! Der verkannte Gott! Wer ist Gott überhaupt? Er hatte nicht einmal Platz, um Sein Haupt niederzulegen (s. Mt 8,20b). Er musste in einem Stall zur Welt kommen! Das ist die höchste Erniedrigung der Gottheit! Der allmächtige Gott kommt im Stall zur Welt!

Paulus predigte in Griechenland den unbekannten Gott. Er trat vor die philosophischen, intellektuellen, eingebildeten „Grünschnäbel", wie abermals geschrieben steht: <u>Paulus aber stand mitten auf dem Areopag und sprach: Ihr Männer von Athen, ich sehe, dass ihr die Götter in allen Stücken sehr verehrt. Denn ich bin umhergegangen und habe eure Heiligtümer angesehen und fand einen Altar, auf dem</u>

stand geschrieben: Dem unbekannten Gott. Nun verkündige ich euch, was ihr unwissend verehrt (Apg 17,22f.). Der Mensch sucht unbewusst Gott! Das verkündigt Paulus hier ganz klipp und klar. Und ich fahre fort: **Gott, der die Welt gemacht hat und alles, was darinnen ist, er, der Herr des Himmels und der Erde, wohnt nicht in Tempeln, die mit Händen gemacht sind. Auch lässt er sich nicht von Menschenhänden dienen wie einer, der etwas nötig hätte, da er doch selber jedermann Leben und Odem und alles gibt (Apg 17,24f.).** Er gibt das Leben! Er hat die Fülle! Er ist nicht auf euch angewiesen, ihr lieben Athener! Und weiter steht geschrieben: **Und er hat aus einem Menschen das ganze Menschengeschlecht gemacht, damit sie auf dem ganzen Erdboden wohnen, und er hat festgesetzt, wie lange sie bestehen und in welchen Grenzen sie wohnen sollen, dass sie Gott suchen sollen, ob sie ihn wohl fühlen und finden könnten; und fürwahr, er ist nicht ferne von einem jeden unter uns (Apg 17,26f.).** Gott ist jedem Menschen ganz nah! Du musst nicht in die Kirche gehen! Du brauchst nur um die Ecke zu gehen und dich irgendwo hinzustellen. Nicht einmal das! Du brauchst nur in die Kammer zu gehen. Du brauchst nur in dein Dachstübchen hinauf- oder in deinen Keller hinabzusteigen. Wer „in der Grube" ist, muss nur zu Gott rufen! Es steht geschrieben: **Und rufe mich an in der Not, so will ich dich erretten (Ps 50,15a).** Der Herr ist ein naher Gott! Und ich fahre fort: **Denn in ihm leben, weben und sind wir; wie auch einige Dichter bei euch gesagt haben: Wir sind seines Geschlechts (Apg 17,28).** Und dann zitiert er noch einen Philosophen, wie nachfolgend geschrieben steht: **Da wir nun göttlichen Geschlechts sind, sollen wir nicht meinen, die Gottheit sei gleich den goldenen, silbernen und steinernen Bildern, durch menschliche Kunst und Gedanken gemacht (Apg 17,29).** Wir sind zwar Gottes Art, doch wir sind nicht Gott gleich! Viele Menschen bilden sich ein, dass sie göttlich seien. Das erleben wir oft im Buddhismus oder im Hinduismus. „Wir sind göttlich!" Nein! Wir sind Gottes Geschöpfe! Wir sind Gottes Werk! Doch der Herr wohnt nicht in Tempeln, die mit Händen gemacht sind. Sie wurden weder durch Erfindungskraft noch durch Kunstfertigkeiten errichtet! Und ich lese weiter, was

geschrieben steht, siehe hier: **<u>Zwar hat Gott über die Zeit der Unwissenheit
hinweggesehen; nun aber gebietet er den Menschen, dass alle an allen Enden
Buße tun. Denn er hat einen Tag festgesetzt, an dem er richten will den Erdkreis
mit Gerechtigkeit durch einen Mann, den er dazu bestimmt hat, und hat
jedermann den Glauben angeboten, indem er ihn von den Toten auferweckt hat.
Als sie von der Auferstehung der Toten hörten, begannen die einen zu spotten;
die andern aber sprachen: Wir wollen dich darüber ein andermal weiter hören.
So ging Paulus weg aus ihrer Mitte (Apg 17,30-33).</u>** Als jedoch die Athener von
diesem Gericht vernahmen, bekamen sie Angst! Der Mensch weiß, dass er eines
Tages vor dem Herrn stehen wird, und er denkt nach: „Was wird aus mir? Was wird
aus meinem Leben?"

Du musst nur dabei sein, wenn Gottlose sterben! Sie sind nicht selig, sondern sie
brüllen wie Ochsen. Die meisten Menschen ängstigen sich, wenn sie vor der Ewigkeit
stehen. Der Herr legte einen Tag fest, an welchem Er die Menschen richten wird. Der
Herr sandte Seinen Sohn und offenbarte Ihn den Menschen. Sie kreuzigten Ihn, aber
der himmlische Vater auferweckte Ihn! Diese Botschaft ist keiner Religion zugehörig!
Keiner wurde auferweckt! Keiner kam zurück! Aber Jesus stieg auf aus dem
Totenreich. Er nahm sogar die Hölle gefangen! Mohammed kam nicht zurück!
Buddha kam nicht zurück! Alle diese Männer und Religionsstifter dieser Welt kamen
nicht zurück! Du kannst ihre Grabstätten besuchen, aber Jesus kam zurück! Halleluja!

Als Paulus damit begann, von der Auferstehung Jesu zu predigte, lachten Ihn einige
aus und riefen: „Was will uns dieser Lotterbube sagen!" Aber Paulus war ein
Intellektueller. Er sprach mehrere Sprachen. Er studierte bei gebildeten
Persönlichkeiten. Doch die Leute glaubten ihm nicht. Wenn du den Leuten die
Wahrheit kundtust, verstehen sie dich nicht. Sie sagen: „Wo von sprichst du
überhaupt? Das ist mir viel zu hoch. Erzähle mir das irgendwann später einmal!" Als
Paulus diese Versammlung verließ, schlossen sich ihm ein paar Männer an, die zum

Glauben kamen, wie nachfolgend geschrieben steht: **Einige Männer aber schlossen sich ihm an und wurden gläubig (Apg 17,34a).** Nur ein paar wurden gläubig! Es waren keine Massen! Nur ein par einzelne, ehrliche und aufrichtige Menschen wurden gläubig. Die anderen blieben bei ihrer Religion, bei ihrer Athene, bei ihrer Diana. Auch in Ephesus behielten sie ihre Gottheiten bei. Sie blieben bei ihrer Mythologie, ihrer Weisheit, ihren Ansichten, ihrer Philosophie und ihren Künsten. Sie suchten weiter den Herrn. Einige spotteten und lachten ihn aus (s. Apg 17,32a). Paulus war kein Luftikus, Taugenichts oder Gaukler. Er war auch kein Sprüchemacher oder Märchenerzähler! Er konnte mitteilen, dass er es selbst erlebt und erfahren hatte! „Ich war dabei, als der Herr mein Leben veränderte von heute auf morgen, von Saulus auf Paulus!" Aber sie hatten kein Interesse am Jenseits. Sie hatten keine Verwendung dafür. Das alles waren für sie nur Legenden, Mythen und Mythologien. Einige meinten, dass Paulus später wiederkommen solle (s. Apg 17,32b). Doch es gibt oft kein später mehr! Paulus zog weiter. Viele denken, dass es später noch eine Möglichkeit geben wird. Doch alle Religionen vergehen! Jede Religion durchlief eine Wandlung.

Eine andere Geschichte, von Felix, dem Glücklichen, bei dem Paulus ein Gefangener war (s. Apg 24,23), der dann dem Kaiser überantwortet werden sollte, lautet, wie nachfolgend geschrieben steht: **Nach einigen Tagen aber kam Felix mit seiner Frau Drusilla, die eine Jüdin war, und ließ Paulus kommen und hörte ihn über den Glauben an Christus Jesus (Apg 24,24).** Viele Menschen wollen etwas über Jesus erfahren! Fast in allen Religionen findet Jesus Erwähnung: im Islam, im Buddhismus, im Hinduismus und in anderen Glaubensgemeinschaften. Jesus wird sogar in verschiedenen Kulturkreisen als der beste Lehrer aller Zeiten verehrt. Ich fahre fort: **Als aber Paulus von Gerechtigkeit und Enthaltsamkeit und von dem zukünftigen Gericht redete, erschrak Felix und antwortete: Für diesmal geh! Zu gelegener Zeit will ich dich wieder rufen lassen (Apg 17,25).** „Es reicht für heute", sagte er. Du siehst, wie viele Leute sind! Sie sagen: „Wir machen Schluss für heute!"

Doch eine erneute Gelegenheit blieb aus! Ein weiteres Glaubensgespräch fand auch hier nicht mehr statt! Felix wurde dann strafversetzt. Wir sollen jeweils immer dann die Stunde Gottes nützen, wenn der Herr sie uns gibt! Für die meisten Menschen ist Gott und der Glaube nur eine fromme Unterhaltung. Felix wollte sich gelegentlich mit Paulus unterhalten, weil er super-intelligent war und eine große Weisheit besaß. Nur ein Gedankenaustausch, eine Diskussion und eine fromme Konversation – das ist in vielen Religionen gang und gäbe. Doch dafür ist Gott zu schade! Und daraus wurde nichts! Nach zwei Jahren wurde Felix von Festus strafversetzt. Er ging weiter. Traurig!, dieser Felix bekam keine zweite Gelegenheit mehr! So viele Menschen verpassen die Stunde Gottes! *„Des Teufels liebstes Möbelstück ist die lange Bank!"* Der Herr offenbarte sich in Jesus. Wenn Jesus da ist, dann ist Er da. Wir sollen die Stunde Gottes nützen!

Jesus ist mehr als nur eine Religion! Er ist der Sohn des allmächtigen Gottes! Halleluja! Preis dem Herrn! Er rief aus: „Ich bin der einzige gangbare Weg zu Gott zurück!" (Siehe Joh 14,6b) Es gibt keinen anderen Weg. Jesus sprach, was nachfolgend geschrieben steht: **<u>Wer mich sieht, der sieht den Vater (Joh 14,9b).</u>** Wer mich hört, der hört Gott! Es steht geschrieben: **<u>Wer den Sohn hat, der hat das Leben (1 Joh 5,12a).</u>** Einer anderen Übersetzung zufolge, „der hat das Gegenstück". Wer Jesus nicht hat, der hat bloß eine Religion, doch nicht das Leben! Wenn du nur Religion hast, ist „der Tod im Topf". Es gibt eine Schriftstelle, die von einer Geschichte aus dem 2. Buch der Könige abgeleitet wurde. Die Prophetenschüler versammelten sich am Jordanufer. In Israel fand gerade eine Hungersnot statt. Die Bevölkerung befand sich auf Nahrungssuche. Es steht geschrieben: **<u>Als aber Elisa wieder nach Gilgal kam, war Hungersnot im Lande. Und als die Prophetenjünger vor ihm saßen, sprach er zu seinem Diener: Setze einen großen Topf auf und koche ein Gemüse für die Prophetenjünger! Da ging einer aufs Feld, um Kraut zu sammeln, und fand ein Rankengewächs und pflückte sein Kleid voll mit wilden Gurken. Und als er kam, schnitt er's in den Topf zum</u>**

Gemüse - sie kannten's aber nicht - und legte es den Männern zum Essen vor. Als sie nun von dem Gemüse aßen, schrien sie und sprachen: O Mann Gottes, der Tod im Topf! Denn sie konnten's nicht essen. Er aber sprach: Bringt Mehl her! Und er tat's in den Topf und sprach: Lege es den Leuten vor, dass sie essen! Da war nichts Böses mehr in dem Topf (2 Kön 4,38-41). *„Da ging einer aufs Feld, um Kraut zu sammeln, und fand ein Rankengewächs und pflückte sein Kleid voll mit wilden Gurken. Und als er kam, schnitt er's in den Topf zum Gemüse"* usw. Die Rede ist hier von einer Schlingpflanze, die sich hoch auf die Bäume rankt. Ich würde sagen, es war Teufelskraut! Das mischte er dem Mahl bei! Diese Blätter hatten eine abführende Wirkung. Die Leute bekamen Durchfall. Plötzlich rief einer aus. „Tod im Topf!"– Und genau das ist Religion! – Beim gemeinsamen Essen reagierten sie entsetzt auf diesen bitteren Geschmack. „Tod im Topf!" Sie riefen den Propheten Elisa. Weißt du, was dieser Prophet vollzog? Er warf Mehl in den Topf. Darin liegt eine Botschaft. Das wäre eine Predigt für sich selbst, aber ich sagen nur: Jesus ist mehr als eine Religion. *Jesus* ist „dieses Mehl bzw. dieses Weizenkorn, das gebrochen, zermalmt und zu Mehl verarbeitet wird"! Dieses Mehl wird in den Topf geworfen und plötzlich ist die Suppe genießbar! Das ist eine Botschaft! Das wurde dem Elisa sogar als Wunder zugeschrieben! Wenn du Jesus in dein Leben, in deine Situation mit hineinnimmst, wird auf einmal alles genießbar! In das ungenießbare Wasser zu Mara, in der Wüste, warf man ein Stück Holz (s. 2 Mose 15,23-25a). Das ist ein Bild auf das Kreuz und darauf, dass Jesus lebt!

Religion ist nur eine Suche nach Gott. Da bekommst du Bauchschmerzen und Durchfall! „Wir fanden den Messias!" Das war das Erste, was die Jünger weitergaben! Wir fanden den Messias, den Heiland, den Retter! Er ist der Retter der Menschheit! Deshalb steht geschrieben: **Denn der Menschensohn ist gekommen, zu suchen und selig zu machen, was verloren ist (Lk 19,10).** Eigentlich kümmern sich die Kirchen und die Religionen wenig um die Verlorenen! Diesen wird keine Beachtung geschenkt! Gleich dem Priester und dem Leviten gehen sie schnurstracks zu ihrem Gottesdienstbesuch und lassen den unter die Räuber Gefallenen einfach so liegen! Es interessiert sie nicht! Doch da kommt der barmherzige Samariter. Das ist gleichfalls ein Bild auf Jesus. Der barmherzige Samariter kommt vorbei! Das wird oft als ein Beispiel für Nächstenliebe benützt. Aber das ist verkehrt! Jesus ist der barmherzige Samariter, der nicht an uns vorübergeht, der sich unser erbarmt, der alles investiert, der sich verausgabt, um uns zu retten und wieder aufzustellen!

Gebet: Lieber Heiland, Du bist unser Schiedsmann, Du bist unser Retter, unser Heiland und unser Samariter! Du hast uns Recht verschafft bei Gott! Du hast uns mit dem Vater versöhnt. Du bringst uns die wahre Gerechtigkeit in diese Welt der Ungerechtigkeit durch Dein Eingreifen, Herr Jesus, und durch Deine Entscheidung, Dein Leben zu lassen für Menschen, die nicht einmal würdig sind! Aber Du gabst alles, damit wir eine ganz neue Geschichte haben, damit wir auf eine ganz neue Ebene gelangen, ganz neu leben und unser Leben mit Freuden gestalten! Du bist mehr als nur eine Religion, eine Weltanschauung, egal welche. Herr Jesus, Du bist der Mann, den Gott für uns bestellt hat! Wenn wir Dich haben, wenn wir Dir vertrauen dürfen, kommen wir zur Ruhe, zur Gelassenheit und zum Frieden. Danke, Herr Jesus, für diese Botschaft! Herr, ich brauche keine Religion, denn ich habe Jesus und bin glücklich! Dankeschön, Herr Jesus! Amen

Teil 2

Predigt von Pastor Joh.W.Matutis

„Wie sieht deine Religion aus?"

Wie sieht deine Religion aus?

Dankeschön! *„Du weißt den Weg, Herr"*, vernahmen wir in diesem Lied. Gott ist selbst der Weg! Jesus Christus sprach: *„Ich bin der Weg und die Wahrheit und das Leben."* (Siehe Joh 14,6a) Also, es ist gut, wenn wir auf den Herrn vertrauen, auf den Herrn blicken und auf den Herrn hoffen. Mein heutiges Thema lautet wie folgt: Wie sieht deine, meine oder unsere Religion aus? Ist sie ausreichend? In der Heiligen Schrift steht geschrieben, dass die Menschen der Endzeit sehr religiös sein werden. Sie werden das Tier anbeten, sie werden das Bild anbeten, sie werden den Antichristen anbeten. Der Antichrist wird sich sogar in den Tempel setzen. Er wird sich als Gott ausgeben (siehe 2 Thess 2,4). Die Menschen werden von Grund auf religiös sein. Satan selbst ist sehr religiös. Das Wichtigste für ihn ist die Anbetung: „Jesus, falle nieder, bete mich an und ich werde Dir alle Reiche geben." Satan ist auf die Anbetung aus (s. Mt 4,9).

Religiöse Leute verstehen auch, hilfsbereit, freundlich und nett zu sein. Religiös-humanistisch – das ist es, was die Welt sein wird und ist. Wir sind auf dem besten Weg dorthin, religiös zu werden, nett auszusehen, freundlich zu sein, keiner Fliege etwas zuleide zu tun, alles zu tolerieren, alles anzunehmen – das Gute wie das Schlechte – gut auszusehen, auch wenn nichts passiert. Die Menschen glauben allerlei Märchen oder Altweiberfabeln und bilden sich dabei ein, doch ach so gläubig, fromm und religiös zu sein: „Ich habe ja meine Kirche!", „Ich habe ja meine Religion!", „Ich bin ja getauft!", „Wir sind einer Freikirche, Sekte o. Ä. zugehörig!" Jeder Mensch darf nach seiner Fasson selig sein. Das ist es, was der Mensch von Grund auf ist. Religion ist ihm angeboren! Die Pharisäer und Schriftgelehrten wollen selbstgerecht und heilig aussehen. Sie wollen gern gesehen, erkannt und beobachtet werden. Der Mensch denkt, das Aussehen muss etwas hergeben. Er blickt auf den anderen herab, gleich dem Pharisäer im Tempel, der den Zöllner betrachtet und betet: „Ich danke Dir, Gott, dass ich nicht so bin wie dieser da (s. Lk 18,11).

Die Menschen sind religiös, aber reicht es aus, religiös-fromm zu sein? „Ja, ich bringe mein Opfer dar!" Viele glauben, sie können sich durch Opfer, Spenden und milde Gaben, besonders zur Weihnachtszeit, irgendwie freikaufen, ihr Gewissen entlasten, siehe der Ablasshandel, der im Mittelalter stattfand: *„Wenn das Geld im Kasten klingt, die Seele in den Himmel springt!"* Viele verstehen nicht, was es bedeutet, ein reines, gutes Gewissen zu haben. „Ich bin religiös", sagen sie. Viele suchen einen Sündenbock, nachdem irgendetwas Verwerfliches stattfand. Auch das ist Religion. „Der Kanzler oder die Kanzlerin sind verkehrt!", oder: „Der Präsident beging einen Fehler." Man versucht immer wieder die Schuld zu verschieben. Ja, auch das ist Religion. Man baut sich ein Feindbild auf: „Die Russen, die Chinesen oder die Amerikaner!" Der Mensch braucht immer einen Buhmann. Das alles ist Religion! Fast alle Kriege, die in den letzten fünf- bis sechstausend Jahren stattfanden, waren religiöse Kriege. Der Dreißigjährige Krieg war ein reiner Religionskrieg; Protestanten wider Katholiken. Wer hat denn nun recht?

Religiöse Menschen sind zwiespältig. Sie sind zerrissen. Sie sind zum Teil geistig und geistlich verletzt. Religion verletzt die Menschen. „Wenn du nicht so bist, wie ich mir dich vorstelle, dann bist du nicht mein Freund. Du hast nicht mein Gebetsbuch!" Viele Menschen sind religiös verletzt und gebrandmarkt. Religiöse Menschen sind an die Religion gefesselt, und ich will das einfach alles einmal in Frage stellen: Was ist deine Religion? Was ist dein Christentum? Was ist dein Buddhismus? Was ist dein Hinduismus? Oder auch: Was ist deine Esoterik? Manche Menschen haben keine Religion, sie sind aber esoterisch. Sie versuchen, einen Einheitsbrei zu veranstalten und ihre eigene Religion aufzubauen. Viele Menschen sind der Religion Knechte; sie sind versklavt durch Religion: „Ich muss!" Ich predigte einmal in Augsburg während einer Evangelisation. Dort machte ich keine großen Ausführungen über die Taufe, sondern las nur die Schriftstelle vor, die nachfolgend geschrieben steht: **Wer da**

glaubt und getauft wird, der wird selig werden (Mk 16,16a). Plötzlich kam eine Religionslehrerin auf mich zu und sagte: „Herr Matutis, wenn ich mich taufen lasse, dreht sich meine Großmutter im Grab um!" Du siehst, wie die Menschen an ihre Religion oder Tradition gefesselt sind. Religion ist an und für sich nicht schlecht, aber wenn die Menschen versklavt und geknechtet werden, dann schon. Religion zwingt die Menschen zur Anbetung. Sieh, damals zu Beginn in Babylon: als sich die drei Jünglinge nicht beugten, um das Bild des Nebukadnezar anzubeten, mussten sie in den Feuerofen, weil sie darin verbrennen sollten (s. Dan 3,21.27). Doch sie verbrannten nicht! Weißt du, sie hatten etwas in sich, was die Religion nicht bieten kann – Glauben und eine feste Überzeugung! Wenn du eine feste Überzeugung hast und ausrufst: *„Ich weiß, dass mein Erlöser lebt"* (s. Hiob 19,25a), so stellt das jede Religion in den Schatten. Er wird mich erlösen, selbst wenn ich zu Asche werde (s. Hiob 19,25b). Wenn man an etwas glaubt, das einen nicht trägt, ist das für mich schlimmer als wenn man überhaupt keinen Glauben hat. Für mich ist Larifari-Glaube bzw. eine laue Religion wertlos! Jesus sprach: „Ich spucke diese Lauen aus meinem Munde aus." Entweder ganz kalt, oder ganz heiß (s. Offb 3,15f.). Entscheide, was du bist, denn das ist die große Frage. Religion oder Offenbarung Gottes. Viele verwechseln das und bringen alles durcheinander.

Jede Religion widersetzt sich der Veränderung; ja, ausschließlich jede! Sei es nun der Islam, das Christentum oder seien es irgendwelche Staatsreligionen, der Buddhismus, der Hinduismus oder, was ganz schlimm ist, das Judentum –, sie widersetzen sich jeder Veränderung! Wenn eine Offenbarung zu einem gelangt, Gott spricht und Er sich offenbart, dann reagiert man wie folgt: „Das glaubte meine Mutter nicht!" oder: „Das glaubte mein Vater nicht!" oder aber: „Das entspricht nicht unserer Kultur!" Im Zuge jeder Veränderung wird etwas gefordert, geboten und verlangt. Aber die Reaktion ist meistens: „Nein, wir tun das nicht! Wir knüpfen an unsere Tradition an und bewahren, was wir erkannten!", gleich der nachfolgenden Geschichte: Ein Mann heiratete eine Frau, die immer den Zipfel der Wurst entfernte und wegwarf. Er fragte

sie: „Warum tust du das? Warum entfernst du immer den Zipfel und wirfst ihn weg?"
„Das tat schon meine Mutter!", antwortete sie. Daraufhin fragte der junge Mann seine
Schwiegermutter: „Warum tut ihr das denn?" „Ja, das tat schon meine Mutter!",
antwortete diese. So vererbt sich etwas, wird zu Gewohnheit und zur Tradition. Der
Herr will uns von Gewohnheit und Tradition entbinden durch Seine Offenbarungen!
Warum? Damit wir etwas Neues in unserem Leben anfangen.

Ich denke nur an die Geschichte Abrahams, die nachfolgend geschrieben steht: **<u>Und
der HERR sprach zu Abram: Geh aus deinem Land und aus deiner
Verwandtschaft und aus dem Haus deines Vaters in das Land, das ich dir zeigen
werde! (1 Mose 12,1 ELB)</u>** *„In das Land, das ich dir zeigen werde!",* heißt: Komm
heraus aus dem Formalismus, aus den Institutionen und aus den Organisationen. Das
ist ein schwerer Weg, wenn man erst einmal irgendwo zugehörig ist! *„Einen alten
Baum verpflanzt man nicht",* lautet eine Redensart. Wenn du etwas älter bist, hast du
große Schwierigkeiten damit, einen neuen Glauben, eine neue Erkenntnis oder eine
neue Offenbarung anzunehmen. „Also, der Zipfel wird entfernt und entsorgt!"

Religion ist Formalismus, eine Anordnung bestehend aus Vorschriften. Man braucht
immer einen Katalog. Ich weiß noch, damals, als ich ein junger Prediger in Stuttgart
war, kam eine junge Schwester zu mir und sagte: „Pastor, kannst du nicht einen
Katalog für mich erstellen, was erlaubt ist und was nicht? Das wäre doch viel
einfacher!" „Die Bibel enthält alle diese Gebote und Verbote", teilte ich ihr mit. Sie
erwiderte: „Ja, aber da muss ich erst suchen. Ich möchte etwas mundgerechtes
Fertiges haben, was ich nur noch hinunter zu schlucken brauche. Das andere muss ich
mir selbst erarbeiten!" Ich sagte: „Ja, das stimmt. Es muss deine Erkenntnis sein! Es
muss deine Erfahrung sein! Es muss »auf deinem Mist gewachsen sein«." Der Herr
führt jeden Menschen anders. *„ Geh aus deinem Land und aus deiner Verwandtschaft
und aus dem Haus deines Vaters in das Land, das ich dir zeigen werde!"* Religion ist
nichts anderes als ein Gerüst. Irgendwann muss der Bau fertig sein, und dann wird

das Gerüst abgebaut. Das Reich Gottes, Seinen Willen, Seinen Geist, Seine Gerechtigkeit u. v. m., erreicht man nur durch Offenbarung. „Herr, was ist Dein Wille?“, und abermals: „Herr, was ist Dein Wille?“, und nochmals: „Herr, was ist Dein Wille?“ (Siehe dazu auch Mt 26,39b.42b.44b) Du musst ständig den Herrn befragen: „Herr, was ist Dein Wille für mein Leben?“ Religion ist nichts anderes als ein Haufen von Regeln und Vorschriften. Du wirst beherrscht und kontrolliert: „Wir gehen nach links, nach rechts bzw. geradeaus usw.“ Es ist zwar sicher, aber das Leben ist nicht sicher! Deshalb kann ich mich nicht an Regeln binden, sondern ich muss mich zurechtfinden, durchschlagen und mich durch so manches hindurch ringen.

Religion hat Kontrolleure, diese Inquisitionsräte aus dem Mittelalter: „Ist der Glaube recht?“ Wie viele grundehrliche, gläubige Menschen wurden während der Inquisition im Mittelalter zu Tode verurteilt und auf dem Scheiterhaufen verbrannt! Meistens waren es Frauen, die man beseitigen wollte und die vielleicht sogar den Heiligen Geist hatten. Denn eine Sache ist mir bekannt, da eine Frau in neuen Zungen bzw. in fremden Sprachen *(s. Glossolalie als Charisma)* sprach. Sie sprach mehrere Sprachen gleichzeitig. Es waren also Charismatiker und Pfingstler, die man verbrannte, weil man deren Sprache nicht verstand. Religion geht nach dem, was man versteht, danach, was man weiß und was der Großvater schon glaubte. Ich will die Religion jetzt nicht grundsätzlich verteufeln, aber Religion ist die Anpassung des Menschen an die Offenbarung Gottes. Aber der Herr zog inzwischen weiter. Das nahmen diese Leute nicht wahr!

Lasst uns ganz ehrlich sein. Menschen wenden sich erst dann an Gott, wenn sie die Religion „im Stich“ lässt und sie ausrufen: „Soll das wirklich alles gewesen sein?“ Ja! Wie sieht deine Religion aus? Setze dich damit auseinander! Ich betrachtete mehrere Religionen. Als ich nach Deutschland kam, war ich ein Atheist und ein Kommunist, aber noch lange kein Christ. Ich ging zwar in die Kirche, aber sie widerte mich an. Dann betrachtete ich die fernöstlichen Religionen, z. B. den Islam, und ich bin Gott dankbar dafür, dass ich mich mit deren Lehren befasste. Ich erkannte: „Dieses ist nichts und jenes ist nichts!" Und ich fragte mich: „Was trägt mich eigentlich? Was bringt mir etwas? Was habe ich denn dadurch vom Leben?" Denn ich musste ja leben!, und Religion sollte ja für und nicht wider das Leben sein. In der Religion, im Judentum, musst du dich zuvor kasteien durch Beschneidung. Im Christentum wird getauft. Da wirst du quasi „begraben". Du wirst beerdigt und begraben; in aller Liebe, das ist alles in Ordnung und gut, aber du wirst kasteit und gequält, du musst beten und fasten. Also, um in den Himmel zu kommen, musst du dich quälen. Die Frage ist, warum tue ich das? Warum tue ich all diese Dinge? Und ich stellte eines fest: Religionen konkurrieren wider das Reich Gottes und sogar wider die menschliche Vernunft! Sie sind unvernünftig! Sie sind nicht imstande zu erklären, warum dieses oder jenes getan wird! Die Großmutter und die Urgroßmutter entfernten den Zipfel nur aus Gewohnheit und Tradition. Aus Gewohnheit pilgerten Josef und Maria nach Jerusalem und zogen im Tempel ein. Dort verloren sie Jesus! Sobald die meisten Leute etwas aus Gewohnheit verrichten und nicht mehr impulsiv aus der Offenbarung, aus der Erkenntnis und aus dem Erlebnis heraus, „verlieren sie Jesus"!

Als die Navigationsgeräte aufkamen, fuhr, einem Zeitungsbericht zufolge, ein Fahrzeug direkt in die Elbe. Der Fahrer richtete sich nur nach diesem Gerät aus und fuhr so, wie der Sprecher ihn führte. Er bog erst rechts und dann links ab, bis er an eine Fährstation gelangen sollte, die aber verlegt wurde, und er fuhr mit seinem teuren BMW schnurstracks in die Elbe hinein. Beinahe wäre er ertrunken, worauf der Reporter hinwies. Dorthin gerät man, wenn man sich blind auf sein Navi verlässt, sich daran orientiert ohne seinen eigenen Verstand zu gebrauchen. So verhalten sich viele Christen. Sie benützen ihr Navigationsgerät, ohne ihre Gefühle, Erkenntnisse und Erfahrungen einzusetzen. „Dieser Weg war schon immer frei!", rufen sie aus. Dabei wurde die Fährstation längst um ein paar hundert Meter weiter verlegt. Der Fahrer fuhr in die Elbe und ertrank beinahe! Das ist die Folge von der Religion! Der

Herr will uns sicher ans Ziel geleiten. Deshalb ist es wichtig, zu hören, was der Geist zu den Gemeinden sagt (s. Offb 2,7a.11a.17a.29, 3,6.13.22). Zu jeder Gemeinde und zu jeder Person spricht Er anders.

Die Religion richtet sich immer nach dem Gestern aus. Es war einmal sehr gut. Jede Religion war einmal gut. Auch damals war diese Fährstation in Ordnung. Doch nun verlegte man sie aus irgendwelchen Gründen. Wenn du nicht achtgibst, fährst du schnurstracks ins Wasser und ertrinkst. Es stimmte einmal, ja, das schon, aber der Herr nahm eine Änderung vor! Er führt dich weiter! Es stimmte damals, wie nachfolgend geschrieben steht: **Als ich ein Kind war, da redete ich wie ein Kind und dachte wie ein Kind und war klug wie ein Kind; als ich aber ein Mann wurde, tat ich ab, was kindlich war (1 Kor 13,11).** Nun bin ich erwachsen, mündig und reifer geworden. Nun geht es mit mir weiter. Religion korrigiert die Menschen, gewiss, aber nach dem, was früher war. *„Es war einmal"*, so fängt jedes Märchen an. Es war einmal! Es war einmal, dass sich das soundso zutrug. Aber ist es heute immer noch so? Das interessierte mich! Die Worte, die Buddha aussprach, die Mohammed aussprach, die Jesus aussprach, die die Kirchenväter aussprachen, die Mose aussprach – sind sie denn immer noch gültig? Funktionieren sie immer noch? Kann ich sie immer noch anwenden nach den damals gültigen Regeln und Gesetzen? Religion ist der eifrige Fundus alter Geschichten und Requisiten. Man fand die Windeln des Heilands. Maria wickelte das Kind in den Windeln (s. Lk 2,7a). Man brachte sie nach Deutschland, stellte sie im Dom zu Aachen aus und betet seitdem diese Windeln an, oder die Gebeine der drei Heiligen Könige im Dom zu Köln. Religion ist eine Sammlung von Wahrheiten. Das stimmt. Deshalb würde ich die Religion nicht verachten. Sie enthält gute Wahrheiten. Im Islam findest du gute Wahrheiten. Mohammed hatte gute Gedanken. Er sammelte alles, was die Christen im Westen nicht mochten: sie waren nicht einverstanden mit der Trinität und der Mutter Maria. Alle, die nicht einverstanden waren, pilgerten zu Mohammed in die Wüste. Viele, auch Paulus, zogen in die Wüste. Der Islam ist eine Wüstenreligion. Mohammed sammelte alles. Der Islam ist ein Mischmasch aus Judentum und Christentum. Eigentlich war der Islam die Freikirche des Mittelalters, nichts anderes, denn du findest da die großen Wahrheiten von Jesus und dem, was Ihn ausmachte. Das Evangelium nach Thomas ist darin sehr gut verarbeitet. Aber alles ist überholt! Es steht geschrieben: <u>Jesus antwortete ihnen und sprach: Meine Lehre ist nicht von mir, sondern von dem, der mich gesandt hat.</u> **Wenn jemand dessen Willen tun will, wird er innewerden, ob diese Lehre von Gott ist oder ob ich aus mir selbst rede (Joh 7,16f.).** Ihr werdet innewerden, ob diese Lehre von mir, von Menschen oder von Gott ist. Wir müssen gar selbst innewerden! Ich muss es selbst erfahren und darüber Bescheid wissen, ob es möglich ist, diese Lehre zu gebrauchen. So verhält es sich auch hinsichtlich der anderen Religionen. Betrachte Babel: *„Geh aus deinem Vaterland"* bzw., geh aus von Ur in Chaldäa! (Siehe 1 Mose 12,1a) Dort lebte Abraham, der gute Mann. Ziehst du von Babylon aus ostwärts gen Indien, China und Japan, findest du keinen persönlichen Gott, sondern nur Theorie, Wissen und Weisheit. Buddhismus sucht nur Weisheit, Entrückt-Sein, Meditieren, Reinkarnation bzw. den ständigen Kreislauf. Doch ziehst du von Babel westwärts, findest du einen persönlichen Gott, nämlich den Gott Abrahams, Isaaks und Jakobs. Du findest sogar drei Götter, so wie man sagt, den Vater, den Sohn und den Heiligen Geist als eine Person. Du findest einen persönlichen Gott – eben diese Person – immer wieder. Du benötigst eine persönliche Offenbarung Gottes! Dass Jesus mein Heiland und mein Retter ist, muss ich selbst erfahren! „Er rettete mich!" Ja, aber von wem oder von was? Was ereignete sich? Ertrank ich beinahe? Fiel ich in die Grube? Was trug sich zu? Religion ist eine Offenbarung der ewigen Wahrheiten. Alle Religionen waren einmal gut. Es begann in Babylon. Die Menschen wollten den Herrn sehen. „Babel" heißt „Das Tor zum Himmel". Das nur nebenbei bemerkt, damit wir die Sache besser verstehen. Auch das Judentum ging aus dem Heidentum hervor. Abraham war der erste jüdische Heide. Er kam aus Ur in Chaldäa. Aber er besaß die Offenbarung sowie die Führung und Leitung Gottes in seinem Leben. Religion oder Glaube? Was ist wahrer Glaube? Diese Frage beschäftigt mich jetzt gerade im Augenblick. Entspricht mein Glaube oder meine Religion den Umständen heute im 21. Jahrhundert? Die ewigen Wahrheiten bleiben überall gleich, in welcher Religion auch immer. Ich werde nie die eine oder die andere Religion verdammen. Davor hüte ich mich sehr. Aber die Offenbarung ist, dass der Herr zu mir persönlich spricht: „Mein Sohn, so spricht der Herr!" Und das tut Er immer wieder (siehe z. B. Spr 23,26 NLB, ZB). Und wenn Er dir nicht die persönlichen Worte „So spricht der Herr: … " zuträgt (s. z. B. Jes 43,14), dann reagiere nicht.

Religion ist ein Produkt des menschlichen Herzens. Religion ist kein Produkt des Herzens Gottes, sondern eines des Menschen! Er erdachte es, er stellte es sich vor, er erdichtete es, gleich mancher Dichter und Schriftsteller. Die Fährstation wurde verlegt, aber der gute Mann in seinem BMW bemerkte es nicht. Es gab längst eine bessere Anlegestelle, die ein besseres Passieren ermöglichte. In manchen asiatischen Ländern sind die Menschen so religiös, dass man es nicht für möglich hält! Man zündet ein Räucherstäbchen an und betet seine Gottheiten an. Was mich in Indien faszinierte, war das Folgende: ich stand an einem Schrein, also an einem Heiligen-Altar, und sah eine Menge betender Menschen. Als ich sie fotografieren wollte, ermahnte mich mein christlicher Bruder, der die Führung übernommen hatte, und sprach: „Bruder Matutis, das ziemt sich bei uns nicht. Wir haben Respekt vor dem Glauben dieser Leute, den sie auf ihre Art vollziehen. Störe ihre Gebete nicht, denn wir wollen auch nicht fotografiert werden, wenn wir beten. Das ist Toleranz den anderen Religionen gegenüber! In Pakistan, was muslimisch ist, geriet ich wieder in eine andere Situation hinein: In einer Kathedrale im Zentrum der Stadt Karatschi, welche ringsherum zugänglich war – die Terroristen unserer Stadt haben nichts mit Religion zu tun, sondern mit Politik; Religion, die politisch wurde –, dort also, wo ich meine Predigten abhielt, schauten viele Leute zu, nahmen am Gottesdienst teil und verließen dann rückwärts die Kathedrale. Ich fragte den Leiter, warum sie das denn tun würden, und er antwortete: „Weißt du, man zeigt der Gottheit, dem Prediger oder dem Priester, nie das Gesäß." Respekt vor den Muslimen! Es war ein christlicher

Gottesdienst. Wir waren charismatisch und beteten den Herrn mit emporgehobenen Händen an. Wir lobten und priesen Gott, und sie interessierten sich dafür. Sie verließen rückwärts die Kathedrale. Wir sollten Respekt vor einer anderen Religion haben! Wir sollten viel mehr Respekt vor den anderen haben, denn jedes Volk, dass den Herrn fürchtet, ist Gott angenehm (s. Apg 10,35). Ich will dich auf gar keinen Fall von irgendetwas Falschem überzeugen. Jeder Mensch, der gläubig ist, ist mir wertvoller als jemand, der ungläubig ist, der nur für den Bauch lebt, ein Materialist ist und dem Mammon nachjagt.

In den asiatischen Ländern wie z. B. Japan, gelangte man kniend zum König. Früher, in alten Zeiten, z. B. in Thailand, begegnete man dem Herrscher auf den Knien, so, als ob das besondere Menschen wären. Betrachte den Kaiser in Unterhosen und du wirst feststellen, dass er genau so aussieht wie du und ich. Er ist nichts Besonderes. Aber diese Menschen werden angebetet und verehrt! Menschenverherrlichung und Menschenkult kommt durch Religion zustande! Religion ist alles, was angebetet wird, sei es ein Haus, eine Institution oder ein Mensch. Menschen werden verehrt! Man wirft sich zu Boden bis die Anweisung erfolgt: „Bitte erheben Sie sich!" Das beweisen die alten Bilder. In unserer Region verhielt es sich auch so. Menschen, Könige, werden vergöttert. Die Muslime entledigen sich sogar ihre Schuhe und waschen sich die Füße, bevor sie die Moschee zum Gebet betreten. Religion ist Kult. Es ist mir auch erlaubt, mit dreckigen Füßen zum Herrn zu gehen. Er wird mich nicht von sich weisen, denn Er schaut nicht auf das Äußere. Das Innere ist bei Gott ausschlaggebend! Aber es ist schön, wenn du zuvor die Füße wäschst oder die Schuhe ausziehst, wie es einst bei Mose war. Denn es steht geschrieben: **<u>Er sprach: Tritt nicht herzu, zieh deine Schuhe von deinen Füßen; denn der Ort, darauf du stehst, ist heiliges Land! (2 Mose 3,5)</u>** Das ist alles in Ordnung. In meiner früheren Gemeinde in Heilbronn war ein Mischmasch-Volk. Dort waren Thailänder, Engländer und, bunt gemischt, die verschiedensten Gläubigen versammelt. Die einen zogen die Schuhe beim Beten aus und priesen den Herrn hüpfend, und die anderen priesen den

Herrn mit großen, breiten Hüten. Die Slawen bzw. Rumänen priesen den Herrn mit Kopftüchern. Jedes Volk ist individuell, und wir sollten alle akzeptieren. Ich sprach: „Liebe Schwester, bekehre nicht die Person, die kein Kopftuch trägt. Lass sie so bleiben wie sie ist und wie der Herr sie führt." Die Hindus betreten den Tempel mit nacktem Oberkörper als Zeichen der Unterwerfung. „Alles, Herr, bist Du! Ich bin nackt und bloß und bringe Dir mein Herz!" Wenn sich irgendwer dem König von Thailand oder dem Kaiser von Japan näherte, rutschte er als Zeichen der Hochachtung auf den Knien. Aber es steht geschrieben: **Was ist der Mensch, dass du seiner gedenkst, und des Menschen Kind, dass du dich seiner annimmst? (Ps 8,5)** Was ist der Mensch? Verstehst du? Gar nichts!

Das Navi des BMW-Fahrers war noch nicht umgestellt. Er empfing und speicherte die neue Information noch nicht, sondern ging nach dem Sichtbaren. So viele Menschen dienen dem Herrn nach dem Sichtbaren. Aber wir sollen Glauben ohne zu sehen, denn das ist der wahre Glaube. Jesus sprach: **Selig sind, die nicht sehen und doch glauben! (Joh 20,29b)** Wir brauchen eine neue Sichtbarkeit des Glaubens, sonst bleibt alles religiös-frommer Unfug, Selbstbetrug; es ist nicht mehr als eine Lebenslüge und eine Selbsttäuschung. So viele Christen sind nach einer gewissen Weile von der Religion enttäuscht. Wenn du dieser Angelegenheit langfristig kritisch gegenüberstehst, gelangst du zu der Aussage: „War das wirklich alles?" Das war damals der Grund – meine Suche –, warum ich zu Jesus Christus fand. Ich fand nicht zu einer Kirche oder zu einer Religion, sondern zu Jesus Christus! Als ich meinen Freund zum ersten Mal zu einem Gottesdienstbesuch in eine evangelische Kirche begleiten durfte, als ehemaliger Kommunist, erfuhr ich das Folgende: Er stand auf, stand still und setzte sich nach einer Weile wieder. Weil er das tat, tat ich es auch. Einer macht dem anderen etwas nach, so, wie es sich mit dem Zipfel der Wurst verhielt. Nachdem wir beide wieder Platz genommen hatten, stellte ich ihm die folgende Frage: „Was tatest du, als du standest, die Hände faltetest und die Augen geschlossen hieltest?" Er erwiderte: „Ich zählte bis zehn." Ich dachte mir: „Also, das kann ich auch im Sitzen tun." Ich merkte, dass diese Leute überhaupt keine Substanz hatten. Sie bringen dich in die Kirche, das mag schon sein, aber soll ich etwa nur bis zehn zählen? Das kann ich auch zu Hause tun. Dafür muss ich nicht in die Kirche gehen. Selbsttäuschung! Ich fragte mich abermals: „Ist das wirklich alles?"

Meine Frage ist: „Wie sieht deine Religion aus? Ist das wirklich alles, was du machst?" Die einen sammeln Steine, die anderen verwenden alle möglichen Sorten von Ölen, um Heilung und Gesundheit zu empfangen. Wieder andere pilgern zu einer Quelle und holen dort Genesung ein. Die Fährstation war verlegt! Die Sache ging weiter und sie bemerkten es nicht! Auch die Sache Jesu damals bei den Juden ging weiter. Sie nahmen nicht wahr, dass der Heilige Geist längst aus dem Tempel gewichen war. Es steht geschrieben: **<u>Oder wisst ihr nicht, dass euer Leib ein Tempel des Heiligen Geistes ist, der in euch ist und den ihr von Gott habt, und dass ihr nicht euch selbst gehört? Denn ihr seid teuer erkauft; darum preist Gott mit eurem Leibe (1 Kor 6,19f.).</u>** Euer Leib soll ein Tempel des Heiligen Geistes sein! Sie wurden nicht gewahr, dass das Evangelium weiterging nach Antiochien, Kleinasien, Rom usw. Das nahmen sie nicht wahr! Viele merken nicht, dass der Herr längst weiterzog, auch hier bei uns in den christlichen Gemeinden vor Ort. Eine Erweckung dauert in der Regel, gemäß meiner Studien, nicht länger als drei bis vier Jahre. Dann beginnen die Gläubigen zu organisieren. Dann wird es ein Verein, eine Körperschaft des öffentlichen Rechts u. a. Man gründet eine Bibelschule, stellt Leute ein, die predigen u. v. m. Es ist alles gut und richtig, aber der Heilige Geist hat „kein Flussbett bzw. keinen Kanal" mehr. Er kann sich nicht mehr spontan offenbaren. Es ist so wichtig, dass uns der Heilige Geist führen und leiten kann und wir etwas Konkretes und Tragbares erleben, damit wir etwas Verlässliches haben! Frage dich: „Kann ich mich auf meine Religion, auf meinen Glauben, auf das, was ich habe, verlassen?" Vielleicht kann ich aus diesem Zipfel noch einen guten Salat zubereiten, z. B. einen Wurstsalat. Aber man entsorgt ihn! Es ist auch möglich, „das Kind mit dem Bade auszuschütten". In aller Liebe frage ich dich: „Was bringt dir deine

Religion?" Stell doch einmal alles Sichtbare in Frage. Bei Gott gilt das Universelle seit ewigen Zeiten! Der Herr ist so mächtig und stark, dass *„der Himmel und aller Himmel Himmel"* Ihn nicht fassen können (s. 1 Kön 8,27a und b). Er ist gewaltig! Er ist großartig!, und ich soll in meinem Gehirn, in meinem Dom, in meiner Kirche, in meiner Kathedrale, in meiner Moschee oder in meinem Tempel den Herrn erfassen?

Religion ist Menschenwerk. Der Mensch will zu Gott vordringen – ja, das ist Religion! Menschenwerk also! Der Mensch will zu Gott gelangen, egal wie. „Wir bauen einen Turm, der bis zum Himmel reicht." (Siehe 1 Mose 11,4a) Und was haben wir nicht alles heute! Die Weltraumfahrt! Erkundung fremder Welten! Man fliegt zum Mars, zum Merkur oder wohin auch sonst noch. Wir wollen die Grenzen unseres Horizontes überschreiten und entdecken, wie es draußen aussieht. Das ist die Religion. Junge Leute, die Rauschgift zu sich nehmen, wollen, wie ich selbst feststellte, etwas Außersinnliches erleben, so z. B. einen LSD-Trips. Sie wollen etwas Außersinnliches erfahren, was man im eigentlichen Christentum bei Jesus erfahren könnte. Wenn du voll des Heiligen Geistes bist, siehst du Visionen. Du bist, laut der Bibel, versetzt an himmlische Örter (s. Eph 2,6). Aber durch Studium und Wissen allein, kommen die meisten nicht darauf. Man muss sich hingeben und aufopfern! Deshalb wollen die Menschen bis hinauf zum Mond gelangen. Sie fragen sich: „Was ist dort oben los?" Der Mann im Mond, ja! Religion ist Menschenwerk; der Wille, Gott, das Göttliche und das Jenseitige zu erleben. Auch die Nah-Tod-Erfahrungen spielen hier mit hinein. So viele Menschen erfuhren den Herrn in einer Nah-Tod-Phase während einer Operation, als sie sich im Koma befanden. Vor Jahren war ein Pastor aus Jakarta, Indonesien, bei mir in der Gemeinde. Er gab ein ganz großartiges Zeugnis darüber, wie er zum Glauben fand. Er stand einer Gemeinde von über 120.000 Mitgliedern vor. Dort geschah eine große Erweckung. Seine Großmutter befand sich mit einigen anderen Frauen im Hause einer reichen Hauseigentümerin. Sie alle fanden sich dort regelmäßig zum Gebet zusammen. Plötzlich empfing eine der Frauen aus dem Gebetskreis, der aus etwa sechs Personen bestand, einen Impuls mit folgendem Wortlaut: „Gehe in den Nebenraum und teile der Frau mit, was ich ihr sagen möchte." Sie folgte dieser Anweisung, betrat das Zimmer und sagte: „Mich schickt der Herr. Wir waren gerade im Gebet versammelt. Was ist ihr Problem?" Die Antwort lautete wie folgt: „Wie gut, dass Sie kommen! Unsere Mutter stirbt gerade!" Und sie war bereits verschieden, als die anderen hinzutraten und anfragten, ob sie wohl noch für die Verstorbene beten dürften. Nachdem sie die Hände aufgelegt hatten, wachte die hochbetagte Frau auf. Das Erste, was sie nach ihrem Erwachen tat, war das Folgende: Sie entfernte sämtliche Buddha-Figuren und sagte: „Ich war im Jenseits! Dort sah ich weder Buddha noch irgendeine Buddhastatue." Sie wurde Christin und ihre ganze Familie wurde gerettet! Sie gaben ihr Grundstück für die Kirche in Jakarta frei! Ein Bruder gab uns dieses Zeugnis, deshalb kann ich auch sagen, dass es eine wahre Geschichte ist. Er sagte noch: „Betrachte mich. Ich kam zum Glauben durch ein prophetisches Wort, das eine der Frauen dieses Gebetskreises empfing!" Im Himmel gibt es keinen Buddha, keinen Mohammed. Mohammed wird es vielleicht schon geben, Buddha und Jesus auch, aber das ist nicht das Wichtigste. Das Wichtigste ist, dass es dort keine Götter mehr gibt! Dort gibt es nur allein Gott bestehend aus dem Vater, dem Sohn und dem Heiligen Geist!, Halleluja!, den Erlöser! Religion ist Menschenwerk. Der Mensch will zu Gott gelangen. Manche sind dabei sehr ehrlich und aufrichtig. Diese Indonesierin war sehr gottesfürchtig! Sie wollte den Herrn erleben. Sie hatte ihre Wohnung und ihren Garten mit Buddhastatuen ausstaffiert. Sie sagte: „Weg damit! Wir brauchen das alles nicht!" Stattdessen ist nun dort ein Kirchgebäude platziert! Halleluja! Lob und Dank!

Unser deutscher Kaiser bemerkte: *„Jeder soll nach seiner Fasson selig werden."* Das war damals, als die Reformierten, die Hugenotten, eingezogen waren. Aber das schaffen wir nicht! Es gibt nur einen einzigen Weg: Jesus Christus! Zu Beginn hörten wir das Lied: *„Er ist der Weg und die Wahrheit und das Leben."* Jeder muss auf seine Art den Herrn bzw. den schmalen Pfad oder die enge Pforte finden (s. Mt 7,13). Der breite Weg ist die Religion. Darauf gehen die meisten. Ich verbrachte ein Zeit meines

Lebens in Bayern. Bayern ist sehr gut katholisch. Gott segne die Bayern. Dort ist der Kirchgang legitim, zumindest verhielt es sich so zur Zeit, als ich dort lebte. Mann und Frau gingen zur Andacht. Die Frauen betraten die Kirche, und die Männer das Wirtshaus. Als die Andacht beendet war, trafen sie sich auf dem Nachhauseweg wieder. Aber sie waren unterwegs! So viele dienen dem Herrn aus Tradition. Denke an den Zipfel! „Das taten schon meine Mutter und meine Großmutter!" Oder: „Wenn ich mich jetzt taufen lasse, drehen sie sich im Grab um!" Jeder will nach seiner Fasson selig werden. Ich war einmal in Frankreich unterwegs. Zur Orientierung benützte ich mein altes Navi. Plötzlich fuhr ich auf einer gut gepflasterten, stabilen Straße. Aber diese Straße war gar nicht auf meinem Navi registriert. Ich bemerkte auf einmal: „Diese Straße ist ja gar nicht registriert!" So viele Leute fahren und stellen fest: „Hier ist die Straße wunderbar gepflastert! Die Landschaft ist ausgezeichnet! Diese Straße ist wenig befahren! Im Navi ist sie noch nicht einmal vorhanden! Diese Straße wurde noch gar nicht einprogrammiert!" Bei vielen Leuten ist der Glaube an Jesus Christus „noch nicht einprogrammiert". Der Glaube muss einprogrammiert werden! Gott führt uns Wege, wo keine Wege sind. Er führt uns auf neuem Weg voran. So ist es im Wort Gottes aufgezeigt (s. Jes 42,16). Christentum ist auch nichts anderes. Am Anfang, zu Zeiten der Urkirche, wies das Christentum einen neuen Weg. Alle, die den neuen Weg beschritten, wurden damals von Paulus verfolgt, weil es weder jüdisch noch traditionell war. Was glaubst du, wie viele Leute heutzutage noch verfolgt werden, weil sie plötzlich einen neuen Weg beschreiten, eine neue Entscheidung treffen und ausrufen: „Ich wandle mit Jesus! Ich entdeckte etwas Neues! Ich entdeckte mehr!" Und wenn du einmal damit beginnst, etwas zu entdecken, wirst du immer mehr finden. Wenn du keinen Blick für etwas hast, nimmst du es nicht wahr. Doch wenn du es einmal erblickst, einen kleinen Funken, einen kleinen Stern, ein kleines Lichtlein o. Ä., wird dieses Etwas immer größer, je mehr du danach suchst.

Es gibt keine allgemein anerkannte Definition von der Religion. Was ist eine wirkliche Religion? Das gibt es nicht. Es sind Versuche, nicht mehr. „Ich versuche, zu Gott zu gelangen auf christliche Art, auf muslimische Art, durch fünfmaliges Beten pro Tag, oder hinduistisch, z. B. durch Räucherstäbchen. Das ist alles lieb und gut! Gott sieht die Herzen der Menschen. Es ist alles in Ordnung, aber der Herr möchte uns begegnen! Während die Leute am Altar standen – ich spreche jetzt über die Bibel –, beteten sie, und plötzlich erschien ihnen ein Engel: „Maria!", oder „Mose!" Betrachte diesen brennenden Busch, der irgendwo in der Wildnis stand. Mose näherte sich ihm, ging dem nach, beobachtete den brennenden Busch solange, bis der Herr sprach: „Begegne mir" Mose erwiderte: „Wer bist Du? Ich kenne Dich nicht!" (Vgl. 2 Mose 3,4) Die Juden existieren schon fast vierhundert bis fünfhundert Jahre seit Abraham. Abraham kannte seinen Gott. Doch sie vergaßen Ihn! Mose vergaß sogar, seinen Sohn zu beschneiden, das nur nebenbei. „Wer bist Du?", sprach Mose. Und, weißt du, was der Herr erwiderte? *Ich bin, der ich immer bin.* " (Siehe 2 Mose 3,14a NLB) So findet man den Herrn. Das bedeutet: „Ich bin der da-seiende Gott", sprich: „Ich bin der Gott, der gerade für dich nötig ist." „Wenn du krank bist, bin ich dein Arzt. Wenn du Geld benötigst, bin ich dein Bankier. Wenn du andere Probleme, z. B. Führungsprobleme, hast, bin ich dein Führer. Ich bin dein Licht, dein Stern, dein Schutz, was auch immer; ich bin der da-seiende Gott." Wenn du dieses „Ich bin ... " entdecktest, entdecktest du den Herrn. Nicht etwa „ich bin", sondern gemeint ist der Gott, der in dir Wohnung hält. In jedem von uns wohnt Gott! Der Herr legte uns so an, dass Er in uns ist. „Er schrieb Sein Monogramm in uns hinein." Darum ist jeder Mensch religiös. Es gibt keine irreligiöse Person. Jede Person ist zwar religiös, aber sie findet diesen Gott „Ich bin" nicht. Nicht „ich bin", sondern Er ist! Jesus sprach: *„Ich bin der Weg und die Wahrheit und das Leben"*, *„Ich bin die Auferstehung"* (s. Joh 11,25a). *„Ich bin das Brot des Lebens"*, das du brauchst (s. Joh 6,35a). Der Herr ist es!

Ich weiß nicht, in welcher Situation du dich jetzt gerade befindest, aber du solltest den Herrn entdecken! Vor einigen Jahren hielten wir uns im tiefsten Spanien, in Saragossa, auf. Während wir in einer Kathedrale verweilten, sah ich, wie sich ein Geschäftsmann in einem Seidenanzug vor dem Altar niederließ. Zuvor stellte er seinen Koffer ab, dann kniete er sich hin und betete. Ich betrachtete ihn, denn das imponierte mir! „Ein Geschäftsmann, der sich auf dem Weg zur Arbeit befindet, kniet sich nieder und betet!" Er sprach: „Ich muss das tun, damit ich gute Geschäfte vollziehe. Ich benötige den Segen des Herrn für meine Arbeit. Ich habe heute schwierige Aufgaben zu bewältigen." Du brauchst vielleicht einen Platz, an welchem du beten kannst, eine Gebetsecke oder einen Herrgottswinkel. Menschen suchen den Herrn! Man findet Ihn überall dort, wo Menschen sich aufmachen, Ihn zu suchen, um Ihn zu finden. Doch wie ist deine Religion? Trägt sie dich? Woher erhältst du die Anweisungen und Impulse für dein Leben, wenn du vor Entscheidungen stehst und ausrufst: „Ich brauche heute den Segen des Herrn!" Dieser Geschäftsmann verabschiedete sich mit den Worten „God bless you!" und zog weiter. Ich finde es toll, wenn es Menschen gibt, egal welcher Schattierung, die ein Gebetsleben vollziehen! Jede Person, die betet, ist dem Himmel nah! In den nächsten Tagen werde ich viel über das Gebet predigen. Dieses Thema bewegt mich! Bevor die Menschen Kirchen, Schlösser und Burgen bauten, bauten sie Altäre. Überall dort, wo Menschen einen Altar bauten, war der Segen des Herrn. Abraham verlor seine Sara dort, wo er vergaß, einen Altar zu bauen (s. 1 Mose 12,10ff.). Menschen, die keinen Gebetsaltar haben, verlieren ihre Familie, ihre Nachkommen, ihr Geld, ihr Hab und Gut, denn es ist kein Segen da. Aber dort, wo ein Altar ist und man ein Gebetsleben führt, egal wie, wenn auch versteckt oder klammheimlich unter der Decke oder auf dem Dachboden, wo dich niemand sieht und hört, oder in der Kammer, da ist Gott! Mach die Tür zu und bete, und der Gott, der ins Verborgene sieht, wird es öffentlich vergelten (s. Mt 6,6). Das ist wahre Religion!

Irgendwann fragte ich dann einmal: „Herr, ist das wirklich alles?" Und irgendwer antwortete: „Probiere es einmal, wenn du ein Problem hast, dann bete! Bringe dein Anliegen dem Herrn!" Ich erwiderte: „Aber das sind doch alles nur Selbstgespräche!" Er antwortete: „Nein, das sind keine Selbstgespräche! Du fantasierst und spinnst auch nicht, und du bist auch nicht verrückt. Aber, weißt du, der Herr hört, was du sagst, bekennst und sprichst!" Dadurch entdeckte ich diese Herzens-Religion. Ja, ich entdeckte, was die Herzens-Religion ist. Es gibt verschiedene Definitionen von Religion. Du sollst lernen, selbst den Weg zu finden. Frage dich: „Ist das wirklich etwas für mich?" Gewiss, manche Leute brauchen zuerst einmal eine große Kirche, eine große Evangelisation und große Prediger. Aber irgendwann wirst du „abgenabelt". Diese Menschen rufen uns zu dem Herrgott, zu dem himmlischen Vater, zu dem Herrn Jesus Christus, aber im Anschluss daran musst du selber weitergehen. Ich bin nur ein Prediger, ein Hirte, ein einfacher Botschafter Gottes. Ich führe die Person zu Jesus und sage dann: „Laufe jetzt selber!" Suche selbst Gott! Befrage selbst den Herrn! Frage nicht mich: „Was soll ich tun?" Das, was Er mir sagen kann, kann Er auch dir sagen. Das, was Er mir offenbaren kann, kann Er auch dir offenbaren. Finde deinen persönlichen Gott. Fahre im Glauben fort und habe keine Angst, Fehler zu begehen. Wenn du Fehler begehst, Bruder und Schwester, wird dich der Herr schon korrigieren. Unser Leben besteht aus dem Spielen von „Blinde Kuh". Du musst fortlaufend den Herrn befragen. Wenn du in die eine Richtung fährst, spricht Er: „Kalt!" Du fährst wieder dorthin zurück, wo es noch heiß war. So müssen wir den Weg herausfinden, Stück für Stück, Schritt für Schritt, Augenblick für Augenblick: „Heiß! Heiß! Kalt! Kalt! Heiß! Kalt!" Fahre im Glauben! Wage es einfach! Sage zu dir selbst: „Komme ich um, so komme ich eben um!" Wie wird man stark? Dieses Thema wurde kürzlich behandelt. Ich denke nur an Ester. Sie sprach: „Ich gehe zum König und verlange, dass dieses Holocaust nicht stattfindet, das sich Haman erdachte. *Komme ich um, so komme ich um.*" (Siehe Est 4,16c und d) Verstehst du? Du kannst nichts falsch machen in deinem Leben. Sterben musst du sowieso einmal. Wage es im Glauben! Riskiere etwas! Gehe auf dein Problem zu!

Die wahre Religion ist, wenn du lerntest, dem Herrn nachzufolgen und mit Ihm zusammenzuarbeiten. Riskiere es! Gott führt uns Schritt für Schritt: „Heiß! Heiß! Kalt! Heiß! Heiß! Heiß!" – und jetzt bist du dran! Plötzlich spürst du die Kraft Gottes! Der Herr führt uns Schritt für Schritt, und wenn du dort angelangt bist, wo du sein solltest, nimmst du den Stern und ziehst deine Straße geradeaus, solange, bis du am nächsten Problem angelangt bist und wieder die nächste Verheißung empfängst. Das findet ohne ein Navigationsgerät statt. Du kannst dich himmlisch, biblisch, göttlich oder geistlich orientieren. Vorher wirst du wahrscheinlich keine Impulse erhalten. Neue Impulse erhältst du erst, wenn du ausführtest, was der Herr zu dir sprach.

Es steht geschrieben: <u>Ja, so spricht der HERR zum Hause Israel: **Suchet mich, so werdet ihr leben (Am 5,4)**</u>. Und so spricht der Herr das auch zu dir. Vollziehe den ersten Schritt! Du musst immer den ersten Schritt vollziehen und nicht etwa erst auf Gott oder den Heiligen Geist warten. Eine große Krankheit bei vielen Christen ist, dass sie immer zuerst auf den Heiligen Geist, auf den Pastor oder auf eine andere Person warten, die mit ihnen mitgeht. Du musst dich in Bewegung setzen. Es steht geschrieben: **<u>Ist jemand unter euch krank, der rufe zu sich die Ältesten der Gemeinde, dass sie über ihm beten und ihn salben mit Öl in dem Namen des Herrn. Und das Gebet des Glaubens wird dem Kranken helfen, und der Herr wird ihn aufrichten; und wenn er Sünden getan hat, wird ihm vergeben werden (Jak 5,14f.)</u>.** Aber du musst den Herrn anrufen! Du musst zum Arzt gehen! Wenn du nicht zum Arzt gehst, wirst du auch nicht gesund. Du kannst nicht behandelt werden, wenn keiner weiß, dass du krank bist. Dann stirbst du. Wenn du vom Herrn etwas brauchst, musst du selbst zu Ihm kommen, selbst anrufen, selbst anklopfen und Ihn selbst bitten (s. Lk 11,9). Fange gleich damit an und besinne dich wieder ganz neu auf Gott! Suche die Verbindung zu oben. Dann bekommst du neue Impulse und neue Inspirationen. Wir sind hier die Agenten des Herrn. Weißt du, ich bin Gottes Agent. Ich versuche, „Bibeln zu schmuggeln, Gottes Wort zu schmuggeln" bzw., es darzureichen. Der Herr weiß, wie es weitergeht. Ich mache mir keine Gedanken. „Ich packe meine Koffer und dann fahre ich los." Er gibt mir dann die Anweisungen und Definitionen, wie es mit mir weitergehen und funktionieren wird.

Wer dem Herrn vertraut, darf nicht religiös werden. So jemand sagt: „Ja, Herr, ich gehe. Ich vollziehe es" sowie: *„Mir geschehe, wie Du es gesagt hast!"* Das sind genau die gleichen Worte, die Maria von sich gab, als sie sprach, was nachfolgend geschrieben steht: <u>Da sagte Maria:</u> **Siehe, ich bin die Magd des Herrn; mir geschehe, wie du es gesagt hast (Lk 1,38a).** Der Mensch darf nicht religiös werden, sondern muss sich vom Herrn bestimmen lassen: *„Mir geschehe, wie Du es gesagt hast"*, denn Dein Wille geschehe! Ein wahrer Gläubiger ist allein von Gott abhängig, nicht von Menschen. Er muss auch nicht vor dem Kaiser oder dem König auf den Knien rutschen. Wir sollen aufhören, vor Menschen auf den Knien zu rutschen! Stehe aufrecht! Der Beter – und ich glaube, der Jude ist dem Ideal, welches der Herr haben möchte, am nächsten – steht vor Gott. Der Jude würde sich niemals hinknien vor irgendeinen Menschen. Er steht vor Gott. Wir stehen vor dem Herrn. Wir sind vor Gott verantwortlich für unser Leben: „War es gut? War es nicht gut? War es schlecht? Wie war es?" Er allein ist derjenige, der uns zu den Offenbarungen führt. „Komm, zähle die Sterne oder die Sandkörner!", denn so zahlreich wie die Sterne am Himmel oder die Sandkörner am Strand, *„so zahlreich sollen deine Nachkommen sein"*. Geh aus aus Ur in Chaldäa! Verlass die tote Religion, denn davon hast du nichts. Ich gebe dir das Geleit." (Siehe 1 Mose 15,5a.7) Beginne damit, diesen unsichtbaren Gott zu suchen; diesen da-seienden Gott, diesen ewigen Gott, diesen universellen Gott, der für alle Menschen da ist, für die Asiaten genauso wie für die Afrikaner, für die Europäer genauso wie für die Amerikaner. Die Amerikaner, das sind die Indianer, die originalen, alten. Die Amerikaner bestehen größtenteils aus den ausgewanderten Europäern. Ich hatte zahlreiche Kontakte zu diesen eingeborenen Indianern! Das bereicherte mein Leben! Sie hatten eine total andere Sicht von Gott! Sie hatten Bezeichnungen wie „Der Wind! Dieser Hauch! Der Odem des Herrn!", verstehst du?

Die Ureinwohner Amerikas rechnen viel mehr mit dem hohen Geist Gottes! Alle Völker tragen ein Gottesbewusstsein in sich selbst, aber bei vielen ist es verschüttgegangen.

Wie sieht denn deine Religion aus? Besteht sie nur aus Buchstaben, Paragraphen, Gesetzen, Regeln, Verordnungen und Beamtendeutsch? Wie sieht deine Religion aus? Bist du von Gott und dem Heiligen Geist abhängig? Einst trugen die Indianer einem amerikanischen Cowboy und Einsiedler die Lasten. Dieser fuhr sie an: „Schneller, schneller, wir müssen noch vor Sonnenuntergang zum nächsten Ort gelangen! Vorwärts! Wir gehen!" Daraufhin ließen sich die Indianer nieder und sprachen: „Wir rasten hier. Weißer Mann, wir müssen warten, bis unsere Seele mitkam!" In unserem Leben muss die Seele mitkommen! Der Geist muss mitkommen! Das Herz muss mitkommen! Der Verstand muss auch mitkommen! Und erst dann können wir fortfahren. Bist du von Gott abhängig? Gott forderte Abraham auf: „Folge mir in das Land, das ich dir zeigen werde!" Der Herr führt uns ohne Landkarte und Navi. Er ist so modern, dass er Seine Leute ohne Hilfsmittel führt und leitet. Echter Glaube entsteht aus der Begegnung mit Gott, aus Seiner Offenbarung, aus Seiner Führung und dem Erlebten, auch dann, wenn man Fehler begeht. Echter Glaube entsteht durch Erfahrungen, durch Erlebnisse, durch Begegnungen, durch die Fehler, die wir machen – was da auch immer gewesen sein mag –, und durch Begebenheiten. Bei Jesus war es immer wie folgt: *„Es begab sich"*. Ja, es begab sich! Am laufenden Band trug sich etwas zu. Das ist die Religion Jesu Christi! Übrigens gründete Jesus keine Kirche. Menschen gründeten das Christentum. Jesus gründete keine Kirche, aber Er sprach: „Ich baue meine Gemeinde." Seine Gemeinde ist Sein Leib in Abhängigkeit von Ihm (s. 1 Kor 12,27). Der wahre Glaube besteht aus Gottes Bestimmungen, aus Seinem Wirken und Handeln im Alltag, wie z. B. siehe hier: „O Herr Jesus, ich habe Zahnschmerzen. Bitte hilf mir! Bitte berühre mich!" Und schon erlebst du die Gnade Gottes, also wie der Herr dich berührt. Du bist krank, also lege dir die Hände selber auf und gebiete der Krankheit zu weichen. Religion ist Selbsterfahrung. Du verstehst es vielleicht nicht, aber ich möchte dir den Weg zeigen: Als junger Bursche litt ich unter Rückenschmerzen. Warum und weshalb, das weiß ich nicht mehr; das sei momentan einmal dahingestellt. Der Evangelist betete für die Kranken und fragte reihum: „Was ist dein Problem?" Jeder sagte, was sein Problem war, und ich dachte mir: „Wenn ich sage, was mein Problem ist, dann werden die älteren Geschwister, die im Saal versammelt sind, sagen: »Junge, arbeite erst einmal richtig. Dann kannst du dich darüber beschweren, dass du Rückenschmerzen hast.«" Ich schämte mich, aber als ich zu Hause war, erinnerte ich mich daran, was der Prediger sprach: „Wenn ihr auf Kranke die Hände legt, ganz gleich, wer es ist, dann wird das Gebet des Glaubens helfen." Ich legte also meine Hand auf meinen Kopf und später auf meinen Rücken, dorthin, wo die Rückenschmerzen waren, und gebot: „Jesus, heile mich! Jesus, berühre mich! Jesus, hilf mir! In Jesu Namen bin ich geheilt!" Es funktionierte! Ich war verblüfft! Denn wenn der Herr befiehlt: „Lege deine Hände auf!", dann ist es egal, worauf ich die Hände lege, oder auch, wessen Hände es sind. Das tat ich einige Male und seitdem wurde es besser mit mir. Ich brauchte keine Schmiersalbe oder dergleichen, der Schmerz wich von selbst. Du darfst dir selbst die Hände auflegen! Eine weitere Selbst- und Gotteserfahrungen folgt: In den achtziger Jahren fuhr ich auf der Transitstrecke mit meinem Wohnmobil. Plötzlich sprang das Fahrzeug nicht mehr an. Die DDR-Polizisten traten herbei und fragten: „Wann beabsichtigen Sie denn weiterzufahren? Wollen Sie denn etwa über Nacht hierbleiben?" Ich antwortete: „Ja, wahrscheinlich. Ich werde im Wohnwagen übernachten, denn mein Auto springt nicht an. Ich bräuchte die Hilfe des ADACs aus dem Westen. Sie verabschiedeten sich und die nächste Company kam vorbei. Sie stellte dieselben Fragen wie die vorherige. Es war eine sehr unangenehme Situation. Das Auto sprang nicht an. Auf einmal sprach eines meiner Kinder: „Papa, du betest ja für Kranke. Jetzt ist das Auto krank. Lege deine Hände auf dein Fahrzeug und bete dafür." Ich betete für mein Auto und während ich betete, dachte ich, „ich muss sofort probieren, ob das Auto anspringt, denn was nützt es, wenn ich bete und nicht glaube. Das Auto wird nicht von selber wieder anspringen." Ich drehte an der Zündung und mein Fahrzeug sprang an! Bis

Hof fuhr ich ohne Unterlass durch. Bete für dein Auto, wenn es nicht anspringt! Du wirst lachen, auf der Schwäbischen Alp betete ich sogar im Stall für eine kranke Kuh. Der Herr berührte diese Kuh und sie wurde gesund. Ich darf nicht nur für Kranke beten, sondern für alles andere auch, z. B. für mein Portemonnaie. Lege deine Hände auf dein Portemonnaie und bete: „Herr, guck mal, dieses Portemonnaie enthält nichts. Bitte, Herr, fülle es!" Du wirst Wunder erleben! Der Herr heilt! Lege deine Hände auf! Dein Tierchen zu Hause ist todkrank. Du kannst den Tierärzten ein großes Vermögen geben, aber wenn du eine positive Ausstrahlung hast – und der Glaubende hat eine positive Ausstrahlung –, kannst du die Hände auflegen. Die Hand ist der verlängerte Arm, der aus dem Herzen hervorgeht. Du kannst die Hände auf das Tier, auf den Menschen, auf die Sache, und auf welches Problem auch immer, legen, und du wirst Wunder erleben! Lege deine Hände auf die Akten, die du nicht bearbeiten und bewältigen kannst. *„Geh in ein Land, das ich dir zeigen will"*, spricht der Herr. So löst man die Probleme. Weißt du, am Anfang wirst du gerufen und eingeladen: „Komm heim, komm heim, verlorenes Kind!" Du kommst in die Kirche, du kommst in die Gemeinde, du zählst bis zehn, wie auch ich es tat, doch dann führt der Herr dich weiter! Ich fragte: „Ist das wirklich alles?" Denn wie überlebte das Christentum zweitausend Jahre? Das beschäftigte mich sehr. Oder aber, wie überlebten die Religionen? Etwas muss daran sein. Aber was ist das? Ist es tragfähig für mich?

Echter Glaube ist die Anpassung des Menschen an die Offenbarung des Herrn. Das findet allmählich statt. So wie ich erlernte, die Hände aufzulegen, so sage ich dir: „So mache es auch du! Warte nicht, bis ein Priester, ein Prophet oder sonst irgendwer kommt!" Der Glaube konzentriert sich auf das Reich Gottes und auf Seinen Willen. Aber die Religion konzentriert sich auf die Menschen und auf das Soziale: „Sie müssen mir helfen! Sie müssen mir die Hände auflegen!" Nein! Ich konzentriere mich auf Gott und preise Ihn: *„Alle meine Quellen sind in Dir!"* (Siehe Ps 87,7) Abraham wurde aus Ur in Chaldäa herausgerufen. Er war als ein Gläubiger allein! Er hatte niemanden, bis später seine Frau und seine beiden Söhne hinzukamen. Sie waren zu zweit. Es steht geschrieben: **Denn wo zwei oder drei versammelt sind in meinem Namen, da bin ich mitten unter ihnen (Mt 18,20).** Konzentriere dich auf den Herrn und auf die dir verliehene Vision! Wenn der Herr damals heilte – und das ist Religion für mich, siehe dieser Zipfel, der entsorgt wurde –, kann Er es auch noch heute tun. Das, was damals funktionierte, muss auch heute noch funktionieren, wie geschrieben steht, siehe hier: **Jesus Christus gestern und heute und derselbe auch in Ewigkeit (Hebr 13,8).** Deshalb wird es auch heute funktionieren. Gottes Reich basiert auf Gehorsam, nicht auf Regeln. Die Regeln sind da, aber fange an, sie zu beachten, selbst dann, wenn dir dabei etwas naiv erscheint: „Es ist einfältig, sich selbst die Hände aufzulegen! Das ist ja töricht! Nur Narren tun das!" Ja! Der Heil gibt es den Unmündigen! Du musst nicht kompliziert werden, sondern nur zum Vater gehen: „Papa! Abba, lieber Vater!" Der Herr setzt Menschen frei, und wenn niemand da ist, der dir dient, lege dir selbst die Hände auf. Warte nicht „bis ein Vogel von irgendwoher einfliegt".

Religion versucht, den unendlichen Gott zu definieren und zu beschreiben. Aber die meisten Menschen scheitern bei all ihren Beschreibungsversuchen. Der Kirchenvater Thomas von Aquin schrieb seine Doktorarbeit über die Dreieinigkeit „Vater, Sohn und Heiliger Geist" bzw. über die Trinität Gottes. Er übergab sie dem Papst, und während er eben das vollzog und der Papst sein Werk in Empfang nahm, fiel er rückwärts zu Boden und war fast wie erschlagen; vom Heiligen Geist natürlich! Die Leute dachten zuerst, er hätte einen Herzinfarkt erlitten. Doch dem war nicht so! Er stand auf, holte einmal tief Luft und sprach: „Alles ist Stroh! Alles, was ich bisher über Gott Vater, den Sohn Jesus Christus und den Heiligen Geist verfasste, ist nur Wissen! Es ist nichts als Stroh!" Der Herr will dich von diesem Stroh erlösen! Religion ist Stroh! Hier noch eine andere Geschichte: Augustinus dachte über den Herrn nach: „Was ist Gott?" Währenddessen spielte ein Mädchen am Strand. Es grub ein Loch und lief ständig mit einem Eimer hin und her, vom Meer zum Strand usw. Es schöpfte Wasser und füllte es in das Loch ein. Augustinus fragte nach: „Mädel, was machst du da?" Sie sprach: „Ich versuche, das Meer auszuschöpfen." Dadurch, also durch eine törichte Predigt eines jungen Mädchens, kam er zu folgender Erkenntnis: *„Du kannst den Herrn weder ausschöpfen noch ausschöpfend behandeln. Du kannst das Meer nicht ausschöpfen und in ein Loch füllen."* Aber das genau versuchen viele religiöse Menschen. Sie versuchen, Gott zu erfassen. Gott ist nicht beweisbar! Ihn kannst du nur ausleben und erleben! Und das gerade jetzt in diesem Augenblick! Die Offenbarung kann man nicht kontrollieren. Das ist das Schlimme! Das können die Religiösen nicht! Das ist furchtbar! Sämtliche Kirchgänger haben ein „Aber" gegen die Offenbarungen Gottes. Du kannst sie nicht kontrollieren! Es kann sein, dass dir der Heilige Geist diesen Weg weist, aber du wolltest jenen Weg gehen. Du wolltest zwar diese Fähre nehmen, aber diese Fähre wurde bereits verlegt. Verstehst du das? Das ist die Offenbarung Gottes. Du erreichst nur die andere Seite, wenn du die *richtige* Fähre benützt.

Alle weltweit großen Religionen sind nicht zu verurteilen. Sie sind okay. Der Mensch sucht die Weisheit zu ergründen: „Herr, wer bist Du? Woher komme ich? Wozu bin ich bestimmt? Was ist der Sinn meines Lebens?" Das sind diese Urfragen des Menschen, die sich durchweg in allen Religionen wiederfinden. „Warum wurde ich geboren?" Das Herz sehnt sich nach Frieden. Mir gaben alle diese Religionen, die ich ausprobierte, nichts! Dieses und jenes war nichts, und Atheismus war sowieso nichts! Bis dann irgendwann einmal jemand zu mir sprach: „Probiere es einmal mit Jesus!" Nicht mit der Kirche, sondern mit Jesus sollte ich es also probieren. Der Herr Jesus ist eine Person! Es ist weder eine Institution noch eine Organisation! „Probiere es mit Jesus!" Ich verspielte alle Kulte und Rituale und bekam eine völlig neue Weltanschauung dadurch, dass ich Jesus erlebte! Das war katastrophal, denn ich hätte am liebsten alle Menschen auf der Straße umarmt und geküsst! Ich hätte Bäume ausreißen können. Nichts schien mir mehr unmöglich zu sein! Ich verspürte die Kraft Gottes, weil ich Jesus erfuhr! Das setzte sich mehr und mehr in meinem Leben durch. Ich brauche einen Heiland, mit dem ich durch dick und dünn gehen kann. Ich will nicht nur die Welt verstehen, sondern sie erleben und ausleben! Den Herrn Jesus in dieser Welt ausleben!, ja, das ist es, was mein Herz bewegt! Ich fand Jesus! Betrachte die Jünger, die von Johannes getauft wurden und die Jesus selbst erlebten! *„Siehe, das ist Gottes Lamm, das der Welt Sünde trägt!"* (Siehe Joh 1,29b) Hernach kam Petrus zu Philippus: *„ Wir haben den Messias gefunden"* (s. Joh 1,41a). Petrus kam zu Nathanael und sprach: „Ach, ich glaube das nicht." (Vgl. Joh 1,46a) Plötzlich stand Jesus vor ihm und sprach: „Ein wahrer Israelit. Er glaubt nur das, was er sieht" (Vgl. Joh 1,47) sowie: „Ich sah dich unter dem Feigenbaum (s. Joh 1,48b), als du über das Folgende nachsannst: *„Was kann aus Nazareth Gutes kommen?"* (Siehe dto. Joh 1,46a) Siehst du an dieser Geschichte, was Religion und was Wahrheit ist? „Ich sah dich, als du unter dem Feigenbaum saßt und nachsannst" und „Ich sah den Herrn". Seitdem brauche ich weder irgendwelche philosophischen Systeme noch andere! Jesus lebt! Er auferstand! Halleluja! Ihm ist alle Macht gegeben im Himmel und auf Erden. Du kannst Ihn probieren. Du kannst Gott nur ausprobieren, wenn du Probleme hast, wenn du in einer Krise steckst, wenn du Schwierigkeiten, Anfechtungen und Nöte hast. Du erlebst Gott weder in einer Institution noch in einer Kirche oder Religion, sondern im Stall zu Bethlehem! Du fragst vielleicht jetzt: „Was? Da soll ich den Herrn erleben?" Ja! Du erlebst Gott nicht in einer großen Kathedrale! Hier eine kleine Episode dazu: Als ich einmal im Urlaub in den schweizer Bergen, im Hochgebirge, war, konnte ich mein Hotel nicht mehr erreichen. Ich musste kapitulieren und entschloss mich, in der nächsten Berghütte zu übernachten. Darin machte ich es mir gemütlich inmitten von Stroh und Heu. Gerade als ich eine Weile so dalag, hörte ich Geblöke: „Mäh, mäh mäh!", und ich dachte: „Ach, du liebe Zeit, was ist da passiert?" Der Schäfer kam mit seinen Schafen! Das war sein Stall! Ich sagte: „Entschuldigung, aber ich wollte diese Nacht hier verweilen." Daraufhin antwortete er: „Das können Sie ruhig tun. Ich schlafe aber auch hier." Und so schlief ich im Schafstall. Du glaubst nicht, was da passierte! Ich schlief noch nie so selig und entspannt wie in diesem Schafstall! Ich trat nach draußen und fand eine solche Ruhe vor. Die Schafe strahlten auch eine solche Ruhe aus! Deshalb kam der Heiland im

Schafstall zu Bethlehem zur Welt! Er strahlt die Ruhe aus! Der Herr begegnet uns in unseren Notsituationen! Lass es einfach darauf ankommen. Ich änderte daraufhin meine Theorie: Der Herr wohnt nicht in perfekten Räumen, in denen alles clean sauber geputzt und mit Sagrotan gereinigt ist. Seitdem ist Gott im Stall zu Hause, oder in einer Werkstatt. Eine Begebenheit, die sich auf dem Hof unseres Gemeindezentrums in der Neuen Nazarethkirchstraße ereignete, folgt: Dort nämlich befand sich eine Werkstatt und ich wollte den Chef etwas fragen. Plötzlich merkte ich, dass sich jemand unter dem Auto befand. Irgendwer kniete auf einem Teppich und betete. Es war ein Moslem, der gerade seine Gebetszeit abhielt. Ich entfernte mich leise rückwärts, weil ich Achtung vor der Religion habe. Da ist ein Mensch in seiner Werkstatt betend auf den Knien, Richtung Mekka oder in welche Richtung auch immer, das ist unerheblich – die Juden beten gen Jerusalem, wobei sie auch nicht immer ganz genau wissen, in welcher Lage sie sich befinden –, und ich bekam Respekt vor diesem Mann. Jemand, der betet, beißt nicht. Jemand, der betet, macht keinen Unfug. Jemand, der betet, ist gottesfürchtig. Menschen, die nicht beten, die nur leere Worte machen, sind schwer zu ertragen. Seitdem bin ich von meinem Gott begeistert! Jede Person, die Gott liebt, die nach Ihm sucht und fragt, an der ist der Herr interessiert! Jesus ist überall da, wo ich bin. Ich muss nicht religiös werden. Halleluja! Ich muss weder religiös noch fromm werden!

Wir, mein Vater und ich, kauften in Memel auf dem Markt ein Pferd. Mein Vater sagte: „Dieses Pferd ist fromm!" Ich dachte: „Das gibt es doch nicht. Ein frommes Pferd soll das sein? Geht es in die Kirche? Nimmt es an einer Messe teil? Betet es?" Es platzte aus mir heraus: „Papa, bitte sage mir: was ist ein frommes Pferd?" Er sagte: „Ein frommes Pferd ist ein Pferd, das nicht beißt." Ich muss nicht anständig werden, ich muss nicht in einer Kirche sein! Es genügt, wenn ich dem Herrn gefalle und nach Ihm frage! Einfach Gott fragen! „Gott, wo bist Du zur Herberge? Herr, was kann ich für Dich tun? Vater, was ist Dein Wille?" Ich muss nur Gott gefallen und sonst keinem! Manche Leute nennen sich religiös, aber sind sie das denn auch wirklich? Ruht wirklich das Wohlgefallen des Herrn auf ihnen oder gefallen sie nur der Gemeinde, dem Pastor, den Menschen bzw. den Geschwistern in der Gemeinde? Viele Christen, entschuldige bitte, dass ich das von mir gebe, sind Heuchler. Ihre Religion ist eine tote Religion. Wenn ein Mensch düster ist, scheint alles schief zu gehen, wenn er fröhlich ist, scheint alles regulär zu verlaufen (vgl. Spr 15,15). So viele religiöse Menschen sind düster. Sie lachten schon lange nicht mehr. Stattdessen weinten sie. Religion ist nur eine menschliche Einstellung. Wenn man dem Herrn vertraut, sind die Gefühle eigentlich egal; ob ich nun himmelhochjauchzend oder zu Tode betrübt bin, ich kann das ganze negative Umfeld um mich herum ins Positive verkehren. „Ach, wir öffnen das Fenster, lassen frische Luft hinein und singen ein „Halleluja!" Der wahre Glaube ist unerschütterlich! Da geht es nicht nach Stimmung, so wie es sich in der Religion verhält: *„Großer Gott, wir loben Dich, Herr, wir preisen Deine Stärke"*, und das in einem sakralen, religiösen Umfeld. Nein! Selbst wenn Misstöne da sind, der Wille des Herrn geschieht auch dann, wenn keine große Zustimmung vorhanden ist, etwa ein Ja nach großem Glanz und Gloria. Der wahre Glaube ist unerschütterlich! Er ist eine Herzenssache! Euer Leib ist ein Tempel des Heiligen Geistes. So steht es im Wort Gottes geschrieben (s. 1 Kor 6,19a). Man vertraut dem Herrn, selbst dann, wenn alles schiefläuft, wenn nichts passiert oder es anders kommt als erwartet. Ich vertraue selbst dann, wenn ich auf allen Vieren krabbeln muss, wenn sich meine Träume nicht erfüllen und es anders kommt, als ich es mir gewünscht und vorgestellt habe. Ja! Religion ist, dass ich dem Herrn diene, auch wenn ich jetzt „in den Feuerofen" (s. dto. Dan 3,21) oder „in die Löwengrube" (s. Dan 6,17b) muss. Ich weiß, was auch immer geschieht, mit dem Herrn werde ich das Schlimmste überleben. Das ist der wahre Glaube!

Religiöse Leute halten Krisen und Stürme nicht aus. Für religiöse Menschen sind diese Dinge katastrophal! Sie verlieren jede Hoffnung und jede Orientierung: „Ach, ich entsage dem Glauben!", gleich der Frau des Hiob, die ausrief, was nachfolgend geschrieben steht: <u>Und seine Frau sprach zu ihm:</u> **Hältst du noch fest an deiner**

Frömmigkeit? Fluche Gott und stirb! (Hiob 2,9) Doch Hiob erwiderte, was nachfolgend geschrieben steht: **Aber ich weiß, dass mein Erlöser lebt (Hiob 19,25a).** Die Gottlosen und Religiösen haben keinen Frieden. Sie halten nicht durch. Sie bauen auf Sand. Das erkennen sie dann, wenn Stürme kommen oder Schwierigkeiten entstehen (s. Mt 7,26). Sie haben keine Freude. Für sie ist alles nur Pflichterfüllung, gleich dem älteren Sohn, der zu Hause beim Vater blieb und ausrief: „Ich führte gehorsam deinen Willen aus, blieb zu Hause, und du gabst mir nichts!" (Siehe Lk 15,29) Der Vater sprach: *„Mein Sohn, du bist allezeit bei mir und alles, was mein ist, das ist dein."* (Siehe Lk 15,31) „Kapierst du es denn nicht? Bediene dich!" Ja, bediene dich bei Gott! Wenn niemand mit dir betet, dann lege dir selbst die Hand auf und proklamiere: „Halleluja! Im Namen Jesu bin ich geheilt!" Was glaubst du, wie du dann springst, läufst und rennst!

Der wahre Glaube ist mehr als nur Pflichterfüllung. Wer dem wahren Gott dient, übt seinen Traumberuf aus. Halleluja! So jemand wird nicht krank. Seit ich anfing dem Herrn zu dienen, mich Gott hingab, war ich nicht mehr krank!, und das ist bis heute so! Die Gesundheit hält schon über fünfzig Jahre lang an in meinem Leben! Ich kann keinen einzigen Krankenhausaufenthalt verzeichnen! Aber als Lehrling war ich ständig krank. Ich musste Regale abstauben und Gegenstände von hier nach dort räumen. Weißt du, ich wurde richtig schikaniert! Deshalb spielte ich krank und *war* es vielleicht womöglich auch. Wenn du innerlich nicht glücklich bist, wenn du innerlich nicht ausgefüllt bist, wirst du krank. Ich schmiss diesen Beruf hin und belegte dann einige Kurse, um Buchhalter zu werden. Ich dachte, ich könne mit einer Krawatte in einem Büro saubere Arbeit verrichten, also keine Schlosser- und Werkstattarbeiten mehr. Doch auch da war ich nicht glücklich! Ich befasste mich nur noch mit Zahlen, anstatt mit Menschen in Kontakt zu sein. Wenn du innerlich glücklich, zufrieden und ausgeglichen bist, erträgst du jedes Leid, jede Schwierigkeit und jedes Problem. Seitdem ich dann Jesus diente, war ich nicht mehr krank. Manchmal stand ich mit Fieber an der Kanzel. Satan griff mich zwar an, doch ich sprach: „Ich gehe und diene dem Herrn! Ich predige, ob mit oder ohne Sieg, ob gesund oder krank! Ich werde predigen, auch wenn ich nur ein paar Worte sage, die Gemeinde grüße und ihr zuwinke." Das tat ich dann auch, und jedes Mal, wenn ich vorne stand und zu predigen begann, vergaß ich meine Krankheit ganz schnell wieder. Wenn du dem Schöpfer dienst und nicht der Religion, der Gemeinde oder dem Volk, wirst du die Krankheit verlieren! Sie wird weglaufen! Sie wird sich bei dir nicht wohlfühlen! Selbst ungeliebte Aufgaben bringen dich nicht um! Ich weiß, wovon ich spreche. Wenn du Frieden mit Gott hast und weißt: „Ich bin im Zentrum Seines Willens und tue, was Er will", dann kannst du überall Freude haben! Ich diene und lebe für die Ewigkeit! Ich lebe nicht nur für das diesseitige Geschehen! Alles geht einmal vorüber. Ich tue das alles freiwillig! Ich muss nichts müssen! In der Religion musst du etwas leisten. Der Katholizismus, der Sozialismus, sämtliche 'ismen, wie viele auch immer an der Zahl, verlangen ein Muss! Aber hier nicht! Der Herr tat schon alles durch Jesus Christus! Ich muss nicht mehr auf den Knien rutschen, meine Sünden bekennen oder den Boden küssen! In der Religion musst du ständig etwas aufgeben, um die Götter zufriedenzustellen, um welche Gottheit es sich auch immer handelt, um welchen Kirchenfürsten oder Kirchengott es sich auch immer dreht. Dort wird dir nicht verkündigt, dass wir selbst zu Königen, Priestern und Propheten berufen sind, und auch nicht, dass wir eines Tages Gott, dem Herrn Jesus, gleich sein werden. Das wird uns nicht gesagt, nur Worte wie: „Ach, wir sind alle arme Sünder. Wir müssen den Buß- und Bettag einhalten." Du wirst nur angelogen und deines Lebensglücks und deiner Lebensfreude beraubt! Frage dich: „Was zählt in der Ewigkeit?" Ja, frage es dich! Sei ganz ehrlich zu dir selbst! Geh nach Hause, leg dich ins Bett und frag es dich! Du wirst einen Traum erhalten! Der Herr wird dir offenbaren, was dir dieser ganze fromme Zirkus bringt bzw. vorenthält!

Es steht geschrieben: **<u>Und wenn ich prophetisch reden könnte und wüsste alle Geheimnisse und alle Erkenntnis und hätte allen Glauben, sodass ich Berge versetzen könnte, und hätte der Liebe nicht, so wäre ich nichts (1 Kor 13,2).</u>**

Über die Liebe denken die wenigsten Christen nach. Die meisten haben keine Ahnung, was Liebe ist. Es steht geschrieben: <u>Der antwortete:</u> **<u>Du sollst den Herrn, deinen Gott, lieben mit deinem ganzen Herzen und mit deiner ganzen Seele und mit all deiner Kraft und mit deinem ganzen Verstand, und deinen Nächsten wie dich selbst (Lk 10,27 ZB).</u>** Die Religiösen lieben zwar den Herrn und rufen aus: „Alles, Herr, bist Du!", aber sie lieben weder sich selbst noch ihren Nächsten! Das ist die Tragödie der religiösen Menschen. Sie lieben den Herrn. Sie lassen Gott sogar den guten Mann sein. Doch die Religiösen kennen ihren Wert nicht. Sie verkaufen sich unter ihrem Wert. Sie verschleudern ihr Leben. Sie denken viel zu wenig über ihr Leben und über ihre Berufung nach. Stattdessen veranstalten sie so viel frommes Theater! Aber das bringt nichts! Frage dich: „Was bringt mir mein Glaube?" Dabei ist die Liebe das Wesentliche! Der Herr schuf mich aus der Liebe heraus! Ich wurde aus Liebe erlöst! Aus der Liebe heraus diene ich Gott. Nur das, was aus der Liebe heraus geschieht, befreit mich! Es wird nicht aus Angst vor der Hölle vollzogen! Damals machte man mir Angst! Ich erinnere mich an manche Prediger der Pietisten, die mich mit Worten ängstigten, wie die folgenden: „Wenn du das Leben nicht anständig verbringst, wenn du nicht dieses oder jenes tust, kommst du in die Hölle! Satan wartet schon auf dich! Er schürt das Feuer!" Ich habe keine Furcht vor der Hölle! Religion ist nur eine fromme Übung ohne Liebe! Indem du nur geduldig bist, und das ohne Liebe, kannst du all die Verletzungen, die Schmähungen, den Spott und den Hohn nicht ertragen. Aber nun, da ich mit dem Herrn lebe, macht es mir nichts mehr aus, mit faulen Eiern und Tomaten beworfen zu werden! Das alles erlebte ich bereits, doch ich lebe immer noch. Ich sage: „Danke, Herr!" Ohne Liebe kannst du solches unmöglich verkraften. Wenn du beneidet wirst, sagst du nicht zu dir selbst: „Ich übe Selbstkontrolle!" Demütig kann ich nur bleiben, weil ich den Herrn liebe. Ich weiß, es lohnt sich, wenn ich Jesus sehe. Ich kann das alles durchstehen. Jesus will, dass ich lebe und auf allen Ebenen volle Genüge habe (Joh 10,10b). Er will keinesfalls, dass wir Bettler sind. Im Neuen Testament, nach der Apostelgeschichte und der Ausgießung des Heiligen Geistes, findest du keine Bettler mehr vor. Stell dir einmal vor, plötzlich merkst du, dass dich deine Religion nicht trägt! Du bist schockiert! Oftmals ist es dann bereits zu spät. Deshalb möchte ich dich jetzt in diesem Augenblicken fragen: „Was bringt dir dein Glaube?" Hinterfrage ihn einmal! Stelle deine Religion und deinen Glauben daran auf den Prüfstand, so du schon lange auf dem Weg bist. Hast du noch den kindlichen Glauben und sprichst: „Abba, lieber Vater"?

Damals kam ich nach Berlin. In Heilbronn hatte ich zuvor eine tolle Gemeinde mit nahezu dreihundert Gottesdienstbesuchern. Wir hätten bauen müssen, doch das wollte ich nicht. Ich betete: „Herr, hier ist alles geregelt, alles geordnet, alles läuft wie am Schnürchen, denn ich muss nur noch zum Pult gehen und mit dem Predigen beginnen. Dann bin ich fertig und es kommt die Ausleitung: Das Opfer wird aufgenommen, mein Gehalt wird mir gezahlt usw. Lieber Gott, ich möchte noch einmal den guten, alten Gott von damals kennenlernen, da ich noch um jedes Stückchen Brot, um jeden Cent und um alles andere bitten musste. Herr, ich möchte noch ein einziges Mal Deine Gnade erleben!" Gleich im Anschluss daran kam der Ruf nach Berlin, und ich startete mit Nichts. Das wahre Christentum ist, sich einfach dem Herrn hinzugeben! Die Liebe zu Gott verwandelt alles und veredelt uns! Religion unterdrückt, aber Glaube befreit. Ich war froh darüber, nach Berlin zu ziehen. Gerade als ich im Begriff war umzuziehen, sagte ein amerikanischer Bruder: „Bruder Matutis, geh nach Berlin! Das ist der Weg des Herrn für dich! Ich werde dir finanziell helfen und dich unterstützen!" Ich freute mich riesig und dachte: „Endlich unterstützt mich einmal jemand!" Ich packte gerade meine Sachen – die Wohnung war bereits gekündigt –, als ich plötzlich ein Fax mit folgendem Inhalt erhielt: „Bruder Matutis, wir in den USA haben Inflation! Ich kann dich nicht mehr unterstützen! Meine Firma geht gerade bankrott. Doch der Herr wird dir schon gnädig sein!" Und Gott schenkte mir Gnade! Kurze Zeit nämlich bevor ich die Gemeinde aufgab, bekehrte sich der größte Möbelhändler von Heilbronn und ganz Süddeutschland. Er kam zu mir nach vorn und übergab sein Leben dem Herrn Jesus.

Ich kündigte an, dass ich in drei Wochen die Gemeindearbeit aufgeben und nach Berlin ziehen würde und sprach: „Bitte betet für mich!" Er fragte: „Was kann ich für dich tun?" und ich gab zur Antwort: „Ich weiß gar nicht, was du tun könntest?" Er antwortete: „Ich habe LKWs. Ich könnte dir beim Umzug helfen." Mit zwei Sattelschleppern zogen wir nach Berlin um. Er beauftragte seine Handwerker, die Möbel in Heilbronn abzubauen und in Berlin wieder aufzubauen. So bereitet Gott alles vor! Der eine Bruder musste zuvor „die Tür zuschlagen", damit der Herr „eine andere Tür öffnet". Das stärkte meinen Glauben! Mit Gott kommst du nicht in Verlegenheit, aber die Religion wird dich enttäuschen! „Ja", sagte der amerikanische Bruder, „ich werde dir helfen!"

Gebet: Lieber Vater, ich danke Dir, dass Du große Gedanken und Pläne mit uns hast. Du willst, dass wir gesünder und gesünder, stärker und stärker werden! Herr, ich danke Dir, dass Du mir keine Religion vermittelt hast, sondern, dass ich Dir schon fünfzig Jahre – lieber Heiland, das ist ein halbes Jahrhundert und mehr – dienen darf in freien Stücken, ohne irgendwelchen Zwang und Druck. Ich habe Frieden! *„Wenn Frieden mit Gott meine Seele durchdringt, mir ist wohl, mir ist wohl in dem Herrn."* Herr, ich danke Dir für diesen inneren Frieden! Dieser Frieden ist mehr wert als alle Religionen! Ich komme mit allen Religionen zurecht, denn Du offenbarst Dich in jeder Religion, in jeder Gemeinde und in jeder Gruppe. Denn da, wo zwei oder drei gegenwärtig sind in Deinem Namen, begegnest Du uns (s. dto. Mt 18,20). Herr, ich danke Dir, dass Du mein Herz geweitet hast durch die Gnade Gottes. Bitte hilf meinen Geschwistern, dass sie den Glauben „packen", dass sie den Glauben erleben, dass sie den Glauben erfahren und „Berge versetzen". Danke, Herr Jesus! Amen

Teil 3

Predigt von Pastor Joh. W. Matutis

„Wahre Religion"

Wahre Religion

„Deine Liebe ist so groß" – hier wurde Jesus besungen –, sie ist unendlich! Du brachtest und gabst Dein Leben für mich! Heute möchte ich über die Religion und den Glauben sprechen. Was ist der Unterschied zwischen der Religion und dem wahren Glauben? Was ist eigentlich die wahre Religion? Gibt es überhaupt eine wahre Religion auf dieser Welt? Auf der ganzen Welt gibt es weniger als zehn Religionen, aber mehrere tausend Glaubensgemeinschaften, die sich selbst auch als Religion bezeichnen. Zum Beispiel gibt es in Indien, auf dem afrikanischen Kontinent oder in Südamerika zahlreiche Völker, die ihre eigenen Religionen und Kulte haben. Neben den Weltreligionen sprechen die Wissenschaftler von circa dreißig größeren Religionen, die normalerweise alle irgendetwas haben, was sie anbeten, huldigen und lobpreisen.

Die zwei großen Religionen sind der Islam und das Christentum. Das sind über eine Milliarde von Leuten! Und dann gibt es noch die kleineren Religionen. In den monotheistischen Religionen wie Christentum, Islam und Judentum, geht es um den Schöpfergott. Ich möchte hier nur ein bisschen die Religionen beschreiben. Am Anfang, als ich ein junger Christ war, beschäftigte ich mich sehr mit den Religionen. Ich selbst kam aus dem Atheismus. Ich hatte weder eine Religion noch einen Glauben, aber selbst der Atheismus ist eine Religion ohne Gott. Im Christentum, dem Islam und dem Judentum geht es um den Schöpfergott, der alles erschuf und immer das letzte Wort hat. Alle Religionen entstammen ein und derselben Quelle. Der Mensch trägt „das Monogramm Gottes" in sich. Er spürt: „Da muss es ein höheres Wesen geben, das einfach da ist, existiert und regiert." Die Religionen fielen nicht einfach so vom Himmel, sondern Menschen erdachten sie, vor allem Priester, Schamanen o. a., denn Religion ist ein Mittel, um das Gewissen der Leute zu beruhigen. Ich will dir nur mitteilen, was Religion ist. Danach komme ich auf den wahren Glauben zu sprechen.

Religion ist ein ganz grausames Mittel. Karl Marx sagte einmal: *„Religion ist Opium fürs Volk.“* Opium ist ein Rausch-, Betäubungs- und Beruhigungsmittel. Es ist also ein Mittel, das über den wirklichen Zustand hinwegtäuscht. So glaubt man: „Ich bin in dieser oder jener Religion getauft, konfirmiert, christlich getraut oder dann sogar noch christlich beerdigt, und das wird schon ausreichen.“ In anderen Religionen betet man ungefähr fünfmal am Tag. Es gibt die Beschneidung oder den Ramadan. Man meditiert, verzichtet auf etwas und ist rechtschaffen. Man tut keiner Fliege mehr etwas zuleide und glaubt: „Wenn ich fünfmal am Tag bete, werde ich schon gerettet sein.“

Was ist die Wahrheit? Es steht geschrieben: **<u>Jesus antwortete und sprach zu ihm: Wahrlich, wahrlich, ich sage dir: Wenn jemand nicht von Neuem geboren wird, so kann er das Reich Gottes nicht sehen (Joh 3,3).</u>** Diese Worte spricht Jesus zu Nikodemus. Ob du nun Jude, Moslem oder Christ bist, katholisch, evangelisch oder dergleichen, du wirst nicht gerettet, es sei denn, dass du die Wiedergeburt erlebtest und erfuhrst. Niemand wird gerettet, wenn er Prophezeiungen bekommt, Visionen erlebt oder außergewöhnliche Erfahrungen macht; er wird auch dann nicht gerettet, wenn er Heilungen erlebt. Niemand wird gerettet, solange er nicht an Jesus glaubt. Ja, niemand wird gerettet, es sei denn, dass er Jesus als den Sohn Gottes annimmt. Erst durch die Wiedergeburt wirst du gerettet. Genau so, wie du erst durch die Geburt ein Menschenkind wirst, wirst du durch die Wiedergeburt ein Gotteskind. Nur Jesus macht uns selig, bringt uns zu Gott und holt uns aus der Hölle. Er befreit uns von Tod und Teufel. Nur durch Jesus sind wir mit Gott verbunden und vereint. Im Buch Jesaja Kapitel 7 lese ich, was nachfolgend geschrieben steht: <u>Darum wird euch der Herr selbst ein Zeichen geben:</u> **<u>Siehe, die Jungfrau wird schwanger werden und einen Sohn gebären und wird ihm den Namen Immanuel geben (Jes 7,14</u>** <u>SLT).</u> „Immanuel“ bedeutet übersetzt „Gott mit uns“. Der Engel verkündigte zu Weihnachten die folgende Botschaft: „Du sollst Ihn Jesus nennen“ (vgl. Mt 1,21a) sowie: *„Er wird Sein Volk selig machen"* (siehe Mt 1,21b LUT 1912). Nur Jesus rettet die Sünder. Er kam, um alle Sünden der Menschheit hinweg zu nehmen. *„Du nahmst mir meine Sünden"*, hörten wir gerade vorhin in diesem Lied. Er kam im Fleisch eines Menschen, um uns zu retten, um selbst Mensch zu werden, damit wir Gott erreichen und erleben und dadurch Rettung erfahren.

Mach dir nichts vor, denn nicht die Religionen retten uns. Nicht sie sind das Entscheidende, denn wenn du gerettet werden willst, musst du Jesus akzeptieren, wie nachfolgend geschrieben steht: **<u>Wie viele ihn aber aufnahmen, denen gab er Macht, Gottes Kinder zu werden (Joh 1,12a).</u>** Solange du Jesus nicht aufnahmst, bleibst du nur religiös und fromm. Mein Vater kaufte damals in Memel ein Pferd. Während wir zusammen nach Hause gingen, teilte er mir mit, dass dieses Pferd fromm sei. Ich fragte nach, was das denn zu bedeuten habe und er antwortete mir, dass dieses Pferd nicht beißen würde. In allen Religionen geht es um die gleichen Grundsätze. Ich will nur klarstellen, was Religion ist. Es sind Grundsätze wie die folgenden: *„Was der Mensch sät, das wird er ernten"* (s. Gal 6,7c), ganz gleich, ob es der Islam, das Christentum, der Buddhismus oder irgendeine andere dieser großen Weltreligionen ist; die kleinen Religionen sind hier mit inbegriffen. Außerdem gilt bei alledem die folgende Regel: *„Alles nun, was ihr wollt, dass euch die Leute tun sollen, das tut ihr ihnen auch!"* (Siehe Mt 7,12a) Was du nicht willst dass dir die anderen tun, das mute ihnen gar auch nicht zu. Das gilt sowohl bei den Juden als auch bei den Christen. Du kannst nichts einbringen, bevor du nichts sätest. Wer nichts sät, wird auch nichts ernten. So, wie du den Baum pflanzt, gedeiht er, entwickelt er sich und wächst er empor. Auch vertreten durchweg alle Religionen die folgende These: Urteilt und richtet nicht. *„Denn wie ihr richtet, werdet ihr gerichtet werden."* (Siehe Mt 7,1-2a) Verdamme und verurteile nicht, dann wirst du auch nicht verdammt und verurteilt (vgl. Mt 7,3f.). Und dann: *„Liebe deinen Nächsten"* (s. 3 Mose 19,18b; Mt 22,39). Das ist ein Dogma fast aller Religionen. Alle Religionen enthalten dieselben Grundsätze. Einen Menschen erkennt man an seinen Werken, nicht an dem, was er spricht. Gott fragt den Menschen nicht, welcher Rasse er entstammt, sondern: „Was tatest du?" Befolge die goldene Regel und behandle andere so, wie du selbst gern behandelt werden möchtest. Das ist Gottes Gesetz. Verletze keinen einzigen Menschen und füge ihm kein Leid zu, das ihn schmerzt. Du sollst deinen Nächsten so lieben wie dich selbst. Alle Religionen beinhalten mehr oder weniger das Gleiche, denn sie haben alle den gleichen Ursprung. Sie beinhalten alle die gleichen Thesen, wie z. B. die folgende: Vollziehe keine böse Tat. Um dich so zu verhalten, musst du kein Christ werden, denn es ist selbstverständlich. Liebe deinen Nächsten wie dich selbst (s. dazu auch Röm 13,9). Das tun auch die Atheisten. Selbst die Affen tun das. Sie haben die gleichen Verhaltensregeln. Sie lieben diejenigen, die ihnen sympathisch sind und die den gleichen Geruch haben wie sie.

Was ist die wahre Religion? Gut, dass du fragst! Manche Leute denken, in Harmonie mit sich selbst und der Umwelt zu leben, wäre der wahre Glaube. Manche sagen, das wäre, kein Unrecht zu tun, seine Feinde zu lieben (s. Lk 6,27) und den Frieden zu fördern (s. Röm 12,18). Manche sagen, wo Vergebung ist, da ist Gott. Das weiß ich nicht; da bin ich nicht sicher, ob das stimmt. „Alle Geschöpfe sind meine Brüder", sagen viele und versuchen, in Liebe miteinander zu leben. Das sind die Grundsätze der Religionen. Fast alle glauben an irgendein höheres Wesen, auch wenn es nur die Katze auf dem Dach ist. Ich sage dazu Folgendes: Bestimmte Verhaltensregeln zu befolgen, ist nicht die wahre Religion; es ist auch nicht die Wahrheit, selbst dann nicht, wenn man dort Liebe vorfindet. Ich finde, viel friedlicher und anständiger sind die Buddhisten. Das teile ich euch in aller Liebe mit. Das Christentum in sich selbst ist so verfeindet und zerstritten. Ich machte mir sehr viele Gedanken bevor ich ein Christ wurde und an Jesus Christus glaubte. „Wer und was bin ich, woher komme ich und wohin gehe ich?" Die wahre Religion – und nun möchte ich etwas tiefer einsteigen – ist die Offenbarung. „Gott, Du offenbarest Dich mir!" Das geschieht da, wo sich mein Geist mit Gott verbinden kann und ich dadurch mit Gott versöhnt werde. Wie bereits erwähnt, las ich die folgende Schriftstelle: *„Er wird Sein Volk* *selig machen"* (Mt 1,12b LUT 1912), was auch immer das bedeutet. Das geschieht, wenn ich eins werde mit dem Jenseits und den Gott des Universums begreife. Der wahre Glaube lässt sich dort erkennen, wo ich Seine Liebe erlebe und erfahre, wo ich Gott verstehe, wo ich zu nichts gezwungen werde, wie z. B. wie folgt: „Du musst dich taufen lassen!", „Du musst fünf Mal pro Tag beten!", „Du musst dieses und jenes tun."

Gott ist weder eine Theorie noch ein Gedankengebäude. Der christliche Glaube ist auch keine Lehre, sondern eine Offenbarung! „Er offenbarte sich mir! Er sprach zu mir persönlich!" und: „Herr, für mich gingst Du nach Golgatha!" Gott wurde Mensch durch Jesus Christus! Nicht wir Menschen wurden Gott, sondern Gott wurde ein Mensch durch Jesus Christus.

Die Religion biedert sich den Menschen an: „Komm zu uns, dann bist du richtig. Dann wirst du selig werden!" Aber die Offenbarung ist eine Wahrheit! Sie muss einem geschenkt bzw. offenbart werden! Sobald der Mensch damit beginnt, darüber nachzudenken und sie zu deuten, wird er religiös. Dann sagt er Worte wie: „Wir sind die Wahrheit! Wir sind die allein selig machende Kirche oder Gemeinde!" Die Offenbarung dehnt sich aus, und die Religion verengt. Das sage ich nur, damit wir vergleichen können, was echter Glaube und was nur Religion ist. Die Offenbarung baut eine Beziehung zu Gott auf, und die Religion zerstört die Offenbarung. Eine Offenbarung kannst du nicht kontrollieren. Die Religion versucht, dieses und jenes zu tun, den Menschen zu kontrollieren, Befehle und Vorschriften zu erteilen u. v. m. Satan hasst die Offenbarung, denn sie liegt außerhalb seiner Kontrolle! Du wirst vom Geist Gottes geleitet. *Das* ist der wahre Glaube. Die Religion fordert den Gehorsam gegenüber dem Priestertum, so wie es im Alten Testament einmal geschrieben steht (s. 5 Mose 17,12). *„Den Alten ist gesagt"* ... *„ich aber sage euch"* usw. (s. Mt 5,21ff.), wird im Neuen Testament mitgeteilt. Die Religion will eine Unterwerfung, dass man zu Boden fällt, auf die Knie sinkt u. a., aber der richtige Weg ist, dass wir den Willen Gottes erkennen und tun: *„Herr, Dein Wille geschehe"* (s. Mt 6,10b). Die Wahrheit ist, dass wir immer wieder nach dem Willen Gottes fragen: „Was ist der Wille Gottes?" Die Religion hat nur Regeln, Vorschriften und Wiederholungen; immer wieder das Gleiche. Ich will dir den Weg zum wahren Glauben zeigen, denn ich habe selbst lange gesucht. Es ist einfach die Nachfolge Jesu. „Für mich gingst Du nach Golgatha!" Die Nachfolge Jesu ist „das Kreuz auf sich zu nehmen"; nicht Sein Kreuz, sondern das eigene! Du hast im Leben deine Leiden, deine Probleme und deine Schwierigkeiten zu ertragen und zu erdulden. Die Nachfolge Jesu ist, zu tun, was dein Herz dir sagt. Das ist immer die Wahrheit! Das alles geht aus dem Wort Gottes hervor (s. 1 Sam 14,7), das bestätigt die Natur und das sagt dir auch dein gesunder Menschenverstand. Du musst es nicht von weit her holen. Schau dich einfach um und betrachte deine Umwelt. In dem Brief an die Römer Kapitel 1 lesen wir, was nachfolgend geschrieben steht: **<u>Denn sein unsichtbares Wesen – das ist seine ewige Kraft und Gottheit – wird seit der Schöpfung der Welt, wenn man es mit Vernunft wahrnimmt, an seinen Werken ersehen (Röm 1,20a).</u>** Die Natur zeigt, wer der Schöpfer aller Dinge ist. Durch die Natur offenbart Er sich. In der Natur erfährst du die Wahrheit. Da brauchst du nicht einmal die Bibel. Du musst einfach die Wahrheit erfahren: „Aha, so ist das!"

Im Brief des Jakobus Kapitel 1 finden wir eine interessante Passage, die ich ein bisschen verkehren werde. Jakobus stand als Pastor der Jerusalemer Gemeinde vor. Er teilte ihr mit, was nachfolgend geschrieben steht: **<u>Ein reiner und unbefleckter Gottesdienst vor Gott, dem Vater, ist der: die Waisen und Witwen in ihrer Trübsal besuchen und sich selbst von der Welt unbefleckt halten (Jak 1,27).</u>** Drei wesentliche Punkte sind hier zusammengefasst: Zunächst einmal die Witwen und Waisen. Das sind Menschen, die in Not sind, die traurig sind, die etwas verloren oder aufgeben mussten. Diese sollen wir in ihrer Not besuchen. Danach wird erwähnt, sich von der Welt unbefleckt zu halten. Es ist an der Zeit, dass die Gemeinde damit aufhört, Kirche und Religion zu spielen! Die Gemeinde samt dem Glauben an Jesus

Christus ist weder ein Rummelplatz noch ein Massenauflauf. Um ein Gläubiger zu sein, musst du nicht religiös werden. Wahrhaft religiös wird man, wenn man Jesus annimmt und sagt: „Jesus, Dir will ich nachfolgen." Viele Gemeinden wurden zu einem Karneval, wo sich „das Fleisch auslebt". Sie fallen wie Mehlsäcke um und denken, dass das der wahre Glaube wäre. Viele denken, dass sie die Wiedergutmachung in den Himmel befördern würde. Ich möchte hier einfach „ein paar heilige Kühe schlachten". Weder die Wiedergutmachung noch sonst irgendetwas wird dich in den Himmel befördern, es sei denn, dass du an Jesus Christus glaubst und dich an Ihm festhältst. Wir müssen den anderen, den Witwen und Waisen, helfen, auch das ist wahr. Aber du wirst nicht selig, wenn du sozial wirst und den Armen hilfst. Wir sollen – und das ist unser Auftrag, wenn wir Jesus Christus nachfolgen – ein Helfer für andere in der Not sein. Um das zu werden, musst du kein Sozialist sein. Manche Sozialisten sind besser als manche Christen. Das teile ich euch in aller Liebe mit. Du solltest also den Witwen und Waisen beistehen, die keine Hilfe haben und die alleine sind. Diese solltest du richtig verstehen und dabei nicht nur irgendwelchen frommen Märchen folgen, die man ihnen am Sonntag oder sonst irgendwann erzählt. Nicht jeder, der arm ist, ist auch wirklich in Not. Finde die Menschen, die sich wirklich in einer Notlage befinden; die Witwen und Waisen, die jemanden verloren, die einen Menschen hergeben mussten, so z. B. den Vater, die Mutter, den Bruder, die Schwester oder einen Freund. Der zweite Teil, der aus dieser Schriftstelle hervorgeht und der Jesus wirklich meint, ist der, sich von der Welt unbefleckt zu halten. Du musst immer den ganzen Abschnitt lesen. Du bist noch kein Heiliger, wenn du auf vieles verzichtest in deinem Leben. Die meisten Leute leben nur das Fleisch aus. Die Menschen suchen Unterhaltung. Das ist schlimm! Sie wollen unterhalten und hochgehalten werden! Menschen suchen irgendwelche Formen der Religionen, eine Unterhaltung oder eine Show. Sie machen dir dann weis: „Da ist etwas Großes!" „Da wird etwas gefeiert!" Aber Jesus folgt man in Demut und in Bescheidenheit nach! Denn so geht Er vor uns her! Es steht geschrieben: **Denn wo zwei oder drei versammelt sind in meinem Namen, da bin ich mitten unter ihnen (Mt 18,20).**

Jesus bietet Leben an, und das im Überfluss (s. Joh 10,10b). Du bist noch menschlich. Wir *sind* ja auch noch Menschen. Wir sind noch in dieser Welt. Wir sind noch nicht im Himmel, aber wir können Jesus hier schon verwirklichen: „So sein wie Jesus!" Tu nicht so heilig und scheinheilig. Bleibe auf dem Teppich. Bleibe normal und natürlich. Bleibe menschlich! Sei nicht religiös-fromm. „Das Pferd beißt nicht." Bleibe normal!

Jesus sprach: „Ich bin zwar in der Welt, aber nicht von der Welt." (Siehe Joh 17,11a.16) Wir sind in der Welt solange wir leben. Ich bin noch nicht im Himmel, aber dennoch habe ich „den Himmel schon in mir". Ich mag keine überspannten Christen, die einem etwas vorschwärmen. Wir sollen dienen, geben, Täter des Wortes Gottes und für andere da sein, das ist wahr. Das sind dann „die Früchte des Lebens", die sich ganz natürlich ergeben, wenn wir Jesus nachfolgen, für die Witwen und Waisen da sind, die niemanden haben und die dadurch von dem Bösen erlöst werden. Wir sollen von der Welt unbefleckt bleiben, anständig, und nicht nur die Unterhaltung und Remmidemmi suchen: „Halleluja!, Lob und Dank!", und was du auch sonst noch sagst, obwohl dein Leben hinten und vorne nicht stimmt.

Jesus betete nicht etwa: „Mein Vater, entrücke die Menschen!", sondern: „Erhalte sie in der Welt". Es ist also ganz verkehrt, was die Christen beten: „Ich bete für die Entrückung!" Jesus betet, wie nachfolgend geschrieben steht: <u>Ich bitte nicht, dass du sie aus der Welt nimmst, sondern dass du sie bewahrst vor dem Bösen (Joh 17,15).</u> „Bewahre sie in der Welt." Jesus will keine Entrückung, sondern Bewahrung! Bewahrung braucht mehr Energie als Entrückung. Lies das Gebet Jesu im Evangelium nach Johannes Kapitel 17. Darin steht kein einziges Wort von Entrückung! Entrückung ist nur ein Wunschdenken, das nicht biblisch ist. Wir werden alle sterben und zu Jesus gehen! Das ist das Normale! Das findet mit dir und mit mir statt, sowie es auch mit Paulus, mit Petrus, mit allen Aposteln und mit allen Christen stattfand. In den letzten zweitausend Jahren wurde noch niemand entrückt! Wir alle werden „den Weg des Todes" gehen, denn das ist der Weg, den Gott für uns bestimmte. „Mensch, bedenke, dass du sterblich bist" (vgl. Ps 90,12a). Aber die meisten wollen entrückt werden. Die Witwen und Waisen sind Menschen, die jemanden verloren, um den sie nun trauern. Diese in ihrer Trübsal zu besuchen, ist der vernünftige Gottesdienst. Beruhige dich und sei ganz nüchtern. Wir gehen alle den gleichen, ganz normalen und natürlichen Weg. Jesus bat Seinen Vater, Seine Jünger nicht aus der Welt zu nehmen, sondern sie darin zu bewahren dadurch, dass sie vernünftig sind. Alles andere ist frommer Unfug, nicht der Bibel konform und ein Lügenkonstrukt. Ich erwarte die Vollendung meines Lebens, gleich Paulus, der sprach, was geschrieben steht, siehe hier: **Ich habe den guten Kampf gekämpft, ich habe den Lauf vollendet, ich habe Glauben gehalten; hinfort liegt für mich bereit die Krone der Gerechtigkeit, die mir der Herr, der gerechte Richter, an jenem Tag geben wird, nicht aber mir allein, sondern auch allen, die seine Erscheinung lieb haben (2 Tim 4,7f.).** Das gilt allen, die zu Jesus kommen möchten. Jesus bat nicht etwa, die Seinen aus der Welt zu nehmen, sondern, sie vor dem Bösen zu bewahren. Er lehrte sie außerdem, im Vaterunser zu beten, was nachfolgend geschrieben steht: <u>Und führe uns nicht in Versuchung, sondern **erlöse uns von dem Bösen (Mt 6,13).**</u> Denn die Seinen sind ohnehin nicht von dieser Welt. Der Herr teilte Seinen Jüngern mit, dass das Reich Gottes inwendig in ihnen sein würde (s. Lk 17,20f.). Er predigte und lehrte einfach weiter die Verantwortung, unbefleckt bzw. jungfräulich und rein zu bleiben und dem Bräutigam entgegenzugehen (s. Mt 25,1). Das ist unser Auftrag in dieser Welt. Wir sollen und wollen rein und heilig sein, und wir sollen uns nicht als etwas Besonderes vorkommen. Wir sind ganz normale Menschen. Wir verlassen uns auf die Kraft des Heiligen Geistes. Wir sind verantwortlich für unser Leben, dafür, dass wir „über den Berg gelangen" und uns dafür halten, dass wir der Welt gestorben sind (s. Röm 6,11a). Denn es steht geschrieben: **Ich lebe, doch nun nicht ich, sondern Christus lebt in mir (Gal 2,20a).** Das ist der wahre Glaube.

Der wahre Glaube ist, dass man sich selbst niemals aufgibt. Du gehst aus dieser Welt zu Gott ins Jenseits. Wir gehen dem Herrn entgegen, und wenn die Zeit dafür gekommen ist, werden wir Ihm begegnen und bei Ihm sein. Jesus bat den Vater, die Seinen in der Welt zu belassen (s. Joh 17,11b.15). Eigentlich sind das diese, die ein solches anständiges Leben leben, wie es die Religionen vorschreiben. Aber das können sie aus sich selbst heraus nicht tun!, es sei denn, sie kennen den Herrn Jesus Christus.

Dein Gebet nach Entrückung wird nicht erhört, denn nur die Gebete Jesu werden erhört (s. Joh 17,1ff.). Viele, die entrückt werden wollen, beten gegen den Willen Jesu und gegen die Lehre der Bibel. Das teile ich euch in aller Liebe mit. Du kannst schreien, so viel du willst, dein Gebet wird nicht erhört! Wir gehen zu Jesus, aber wir sind bereits jetzt „in Ihm". Jesus ist in uns. Halte dich an vernünftige Christen und nicht an ausgeflippte Heilige. Sie vermasseln dir deine Seligkeit! Grundsätzlich gilt, dass nur die Gebete Jesu erhört werden: „Nimm sie nicht von der Welt", „Bewahre sie in der Welt", „Bewahre sie vor dem Bösen", vor dem Antichristen, vor der Versuchung, vor der Katastrophe, vor dem Fiasko und dergleichen. Im Vaterunser beten wir, was nachfolgend geschrieben steht: **<u>Und führe uns nicht in Versuchung, sondern erlöse uns von dem Bösen (Mt 6,13).</u>** Erlöse uns von dem Übel! Satan schlich sich sogar an Jesus heran mit den Worten: „Mache die Steine zu Brot." (Siehe Mt 4,3) Gott will dich von diesem ganzen Obrigkeitsglauben, z. B. an den Priester, erlösen! „Der da oben hat es gesagt!" Für mich ist Gott die einzige Obrigkeit, an die ich mich auf Gedeih und Verderb halte. Es ist so wichtig, dass wir Gott kennen, uns mit Ihm besprechen und Ihn an unserer Situation teilhaben lassen! Wir müssen nach dem gehen, was der Heilige Geist, die innere Stimme, zu uns spricht! Höre auf damit, religiös zu sein! Höre auf damit, obrigkeitsgläubig zu sein! Es ist so wichtig, dass wir Gott mehr gehorchen als den Menschen. Man muss Gott mehr gehorchen als den Menschen, denn das geht aus dem Wort Gottes hervor (s. Apg 5,29).

Alle Religionen sind menschlicher Art, von Menschen erdacht und erfunden. Versuche einfach nach dem Wort Gottes zu leben: Danach muss jeder sein Leben „selbst in die Hand nehmen", den Herrn ehren und Ihm dienen; jeder für sich selbst. Denn jeder wird für sich allein geboren, lebt für sich allein und stirbt auch für sich allein. Gott wartet auf deinen Gehorsam, auf deinen Glauben, auf deine Entscheidungen und auf deine Hingabe. Deshalb sandte Er Jesus in diese Welt. Nur du selbst kannst deine Nöte überwinden, deinen Problemen begegnen, anderen ein Segen sein, andere lieben und ihnen dienen. Nur du kannst die Wahrheit verwirklichen, dadurch, dass du die Witwen und Waisen in ihrer Trübsal besuchst.

Was ist die wahre Religion? Es gibt so viele falsche Religionen, wie nachfolgend geschrieben steht: **Wenn dann jemand zu euch sagt: Seht, hier ist der Christus! oder: Da ist er!, so glaubt es nicht! (Mt 24,23 EU)** Ja, glaubt ihnen nicht, denn das ist nicht wahr! Ohne Religionen gäbe es keine Anschläge. Es gäbe keine Kreuzzüge und keine Hexenverfolgungen. Die religiösen Menschen verursachten es! Je frömmer sie waren, desto schlimmer waren die Auswirkungen. Das alles sind Auswüchse des religiösen Fanatismus und Fundamentalismus. Nichts ist schlimmer als das! Das sehen wir am Beispiel des Islams ganz deutlich. Religion allein verändert die Menschen nicht. Nur der Heilige Geist und Jesus verändert sie. Ich möchte hier klarstellen: Christentum ohne Christus ist eine verlogene Sache. Sobald die Menschen begreifen, dass Jesu Reich nicht von dieser Welt ist, sind sie nicht mehr religiös. Sie werden ganz normal und praktisch sein. Sie werden in dieser Welt mitarbeiten so gut sie können und diese Welt mitbauen. Jesus wollte nie, dass die Gemeinde diese Welt beherrscht. Der Herr Jesus wollte, dass Er, Sein Geist, die Menschen beherrscht und kontrolliert, sie führt und leitet, und nicht, dass sie sich selbst etwas ausdenken. Es steht geschrieben: **Wenn aber jener kommt, der Geist der Wahrheit, wird er euch in aller Wahrheit leiten (Joh 16,13a).** Also benötigst du keinen Papst, Bischof oder Pastor. Jesu Reich ist kein irdisches Reich (s. Joh 18,36a). Es ist auch keine irdische Kirche, keine irdische Weltanschauung oder gar das irdische Paradies. Aber wir sollen einander dienen, jeder mit der Gabe, die er empfing. Jesus selbst baut Seine Gemeinde, und die ist total anders (s. 1 Kor 12,12; Kol 1,18a). Es gibt nur entweder die Religion, oder die Gemeinde Jesu. Er baut Seine Gemeinde durch den Geist und durch die Liebe. Seine Gemeinde wird auf himmlischen Grundsätzen errichtet! Sie wird auf anderen Fundamenten gefestigt als auf Sand; es ist ein einfaches Leben. Du musst erst selbst auf einem festen Fundament stehen. So wird das Evangelium gebaut. Es ist Buße und Umkehr, und beginnt bei einem jedem selbst. Ich muss mich selbst bekehren. Es geschieht nicht dadurch, dass mich andere bekehren, sondern ich muss das selbst tun. Das Reich Gottes wird auf die Wiedergeburt aufgebaut, wie abermals nachfolgend geschrieben steht: <u>Jesus antwortete und sprach zu ihm: Wahrlich, wahrlich, ich sage dir: Wenn jemand nicht von Neuem geboren wird, so kann er das Reich Gottes nicht sehen (Joh 3,3).</u> Niemand wird in das Reich Gottes hineinkommen, es sei denn, dass er die Wiedergeburt erlebt und erfährt. Du kannst nur auferstehen und wiedergeboren werden, wenn du zuvor „starbst" (s. Joh 12,24a). Wir können nicht viel zu früh behaupten, dass wir dieses oder jenes sind! Viele verstanden noch nicht, was es mit dem Jenseits auf sich hat. Die wahre Religion *ist* das Jenseits. Alle anderen Religionen sind auf das Diesseits fixiert: „Meine Gemeinde!", „Meine Kirche!", „Meine Religion!" Wir sind zwar noch in dieser Welt, aber nicht mehr von ihr (s. Joh 17,16).

Viele Religionen sind auf Menschensatzungen gegründet. Sie werden von irgendeinem Menschen geleitet, von einem Priester, von einem Papst oder von sonst irgendwem. Es geht menschlich-fleischlich zu. Da wird kritisiert, und wehe dir, du passt nicht in das Schema und in die Schablone der Leute! Jesus sprach, dass Fleisch und Blut das Reich Gottes nicht sehen werden (s. 1 Kor 15,50). Wir sind ganz weit weg davon, wenn wir noch „im Fleisch" bzw. nach unseren Gelüsten und Launen leben. Ich lese, was geschrieben steht, siehe hier: Jesus antwortete: **Mein Reich ist nicht von dieser Welt. Wäre mein Reich von dieser Welt, meine Diener würden**

darum kämpfen, dass ich den Juden nicht überantwortet würde; aber nun ist mein Reich nicht von hier (Joh 18,36). Aber Sein Reich war nicht von dieser Welt. Es wird von Jesus und dem Heiligen Geist gebaut. Und dann steht geschrieben: **Der Herr aber fügte täglich zur Gemeinde hinzu, die gerettet wurden (Apg 2,47b).** Er fügte hinzu, die gläubig wurden, die auf den Tod hin getauft und vom Heiligen Geist erfüllt wurden. Die Gemeinde ist ein Mysterium. Dieses Mysterium war den Juden nicht bekannt. Sie sannen darüber nach und rätselten: „Was soll das sein?" Sie sahen „die Bergspitzen, das Panorama, aber nicht die dazwischenliegenden Täler".

Und ich lese, was geschrieben steht, siehe hier: **Dem aber, der euch stärken kann gemäß meinem Evangelium und der Predigt von Jesus Christus, gemäß der Offenbarung des Geheimnisses, das seit ewigen Zeiten verschwiegen war, nun aber offenbart und kundgemacht ist durch die Schriften der Propheten nach dem Befehl des ewigen Gottes, den Gehorsam des Glaubens aufzurichten unter allen Heiden, ihm, dem einzigen und weisen Gott, sei durch Jesus Christus Ehre in Ewigkeit! Amen (Röm 16,25-27).** Lass das einmal auf der Zunge zergehen, denn darin ist so viel enthalten!

Der wahre Glaube ist eine Offenbarung und keine fromme Unterhaltung. Der Glaube kommt aus der Predigt (s. Röm 10,17a). Es ist die Entfaltung Jesu in uns, in meinem Leben, in meiner Umgebung und da, wo ich bin. Das Reich Gottes ist inwendig in uns, wie nachfolgend geschrieben steht: **Denn das Reich Gottes ist nicht Essen und Trinken, sondern Gerechtigkeit und Friede und Freude im Heiligen Geist (Röm 14,17).** Es kommt nicht mit äußeren Gebärden, nicht mit religiösen Motiven und schon gar nicht mit einer irdischen Perspektive wie z. B. einem Kirchturm o. Ä. Es wird auch nicht durch religiöse Ideologien aufgebaut. Das Reich Gottes ist keine Kirchturmspitze. Die Mormonen hatten damals in Frankfurt am Main keinen Erfolg. Deshalb versuchten sie herauszufinden, warum die Leute nicht zu ihnen in die Gemeinde kamen. Sie stellten fest, dass sie einen Kirchturm brauchten. Selbst wenn er noch so klein wäre, dadurch ist es für sie eine Kirche und die Leute erkennen es als solches. Damals bauten sie einen Tempel. Das stellte auch ich fest. Als wir damals noch eine Kirche mit einem fünfundachtzig Meter hohen Kirchturm hatten, kamen die Leute gern. Sie sahen dieses Gebäude an und bemerkten: „Das ist eine Kirche!" Aber wir waren nur eine Gemeinde Jesu. Als wir dann auszogen, gingen viele gar nicht mehr mit, weil ihnen ihr Kirchturm fehlte. Ich brauche keinen Kirchturm um in den Himmel zu gelangen. Ich weiß nicht, woher diese Ideologie kommt. Wahrer Glaube ist dort, wo Jesus gegenwärtig ist, wo Er sich offenbart, wo Menschen auf Ihn hören, Seinen Willen tun und mit Ihm einverstanden sind.

Jeder, der stirbt, geht in das ewige Leben ein. Dazu lesen wir in der Bibel, was nachfolgend geschrieben steht: <u>Darum: Ist jemand in Christus, so ist er eine neue Schöpfung; **das Alte ist vergangen; siehe, es ist alles neu geworden! (2 Kor 5,17 SLT)**</u> Du nimmst nichts mit! Wenn du getauft bist, ist das Alte ertränkt! Aber „der alte Adam kann noch schwimmen". Da wirst du nicht viel gefragt, da zählt nicht mehr dein Wille, sondern Sein Wille. Das ist so wichtig! *„Das Alte ist vergangen"* usw., und *„Den Alten ist gesagt ...".* Das Vaterunser enthält die folgende Passage, die geschrieben steht, siehe hier: <u>**Denn dein ist das Reich und die Kraft und die Herrlichkeit in Ewigkeit. Amen (Mt 6,13b).**</u>

Du bist hier auf dieser Welt und musstest „deine Sprossen" verdienen. Für mich persönlich gilt: Ich bin in dieser Welt, und ich bin gern in dieser Welt, und ich habe hier auch noch viel zu tun für das Reich Gottes, so viel es an mir liegt und so Gott mir Gnade verleiht. Ich möchte irgendetwas für mein persönliches Leben tun, damit der Herr dann zu mir spricht: „Du hast wohl getan!" (Siehe Mt 25,23a) Noch ein paar Schätze für den Himmel sammeln, ja, das möchte ich tun. Denn dafür sind wir in dieser Welt. Aber ich kann mir den Himmel nicht verdienen. Das tat der Herr Jesus schon für mich. *„Für mich gingst Du nach Golgatha!"* Das tat Er für mich und für jeden Einzelnen! Ich trachte nach dem einen oder dem anderen, nach dem Besuch einer Witwe oder dem eines Waisenkindes, und danach, noch einmal ein Segen für den einen oder den anderen zu sein und noch ein bisschen Liebe zu üben. Das ist der Wille Gottes für unser aller Leben, und nicht, nur religiös zu sein, stundenlang zu meditieren und uns in Ekstase versetzen zu lassen, Ramadan zu feiern oder uns beschneiden zu lassen. Du lernst hier etwas für die Ewigkeit. Also was mich betrifft, so möchte ich das, damit ich nicht einmal dort ankomme und sage: „Das wusste ich nicht." Ich möchte das Wort Gottes studieren und mich vom Heiligen Geist belehren lassen.

Wir sind in der Endzeit. Jetzt werden alle Religionen erschüttert. Durch die Corona-Pandemie wurde die Religion weltweit erschüttert. Wer echt war, blieb echt, und wer falsch war, blieb falsch. In der Endzeit wird die ganze Religion erschüttert! Aus dem Wort Gottes geht hervor, dass sich der Antichrist in den Tempel setzen und als Gott ausgeben wird (s. 2 Thess 2,4). Nun musst du lernen, auf Gottes Stimme zu hören und zu hinterfragen: „Ist das Gott, der Heiland?" Ich teilte euch bereits mit, was uns im Wort Gottes darüber berichtet wird: Man sagt: „Hier ist der Messias und da ist der Heiland". Glaube es nicht und gehe auch nicht dort hin. Das Ende aller Religionen wird dann sein, wenn sich der Antichrist in den Tempel setzt. Dann nämlich wird den Juden offenbar werden: „Das war doch der Falsche, dem wir vertrauten!"

Tue etwas Gutes für dich selbst. Sei nicht zu religiös. Aus dem Buch Prediger geht hervor, dass du dich krankmachst, wenn du religiös bist (s. Pred 8,16). Religion ist der Weg der Menschen zu Gott, aber Jesus ist der Weg Gottes zu den Menschen. Es ist also genau umgekehrt. Jesus ist keine Religion, auch wenn sie sagen „Christentum". Vergiss es! Jesus gründete kein Christentum. Das machten später die Leute daraus; die katholische Kirche. Jesus ist keine Religion, sondern eine Person, die lebte. Er war selbst Gott. Er war keine Religion. Er predigte weder Moral noch Wohlergehen noch Wohlstand. Er trieb Dämonen durch Sein Wort aus, indem Er Nein sagte und die Wahrheit verkündigte. Das war Jesus. Dämonen sind sehr religiös! Die unreinen Geister sind religiös-fromme Geister, die die Wahrheit nicht vertragen. *„Die*

Wahrheit wird euch freimachen", sprach Jesus (s. Joh 8,32b). Er war kein Weltverbesserer. Er vertrieb die Römer nicht aus Israel. Er flickte nichts (s. Mk 2,21). Er sprach: „Macht etwas Neues!" (Siehe Mk 2,21f.) *Das Alte ist vergangen; siehe, Neues ist geworden (s. 2 Kor 5,17b).* Der Mensch wurde in diese Welt hineingesetzt, um eine Aufgabe zu erfüllen. Du und ich, wir sind hier, um die Aufgabe Gottes für unser Leben zu erfüllen. Was ist die Aufgabe Gottes für dein persönliches Leben? Diese besteht nicht aus Konsum, Unterhaltung oder Show, sondern aus der Verantwortung vor Gott: „Herr, Du gabst mir ein Talent. Ich gewann noch ein zweites dazu" (s. Mt 25,15-17). Gemäß der Schöpfungsgeschichte soll der Mensch den Garten Eden beschützen und bewahren (s. 1 Mose 1,28). Gott gab den Menschen Grundwerte; Er gab ihnen Gebote. Und wenn du Jesus in dir hast, wirst du das Gebot Gottes von selbst erfüllen. Das größte Gebot ist das, welches nachfolgend geschrieben steht: **Du sollst den Herrn, deinen Gott, lieben von ganzem Herzen, von ganzer Seele und mit all deiner Kraft und deinem ganzen Gemüt, und deinen Nächsten wie dich selbst (Lk 10,27).** Wenn du dieses Gebot einhältst, kannst du leben, wie du willst. Gott will, dass wir Ihn lieben mit ganzer Seele sowie mit Geist und Leib! Jesus lehrt uns in der Bergpredigt, wie man seinen Glauben auslebt. Wenn du Jesus in dir hast, musst du deinen Glauben ausleben. Es nützt dir nichts, zu babbeln, in neuen Zungen zu beten u. a. Lebe Jesus aus! Lies einmal die Bergpredigt. Darin ist alles enthalten (s. Mt 5,1-12). Lebe so, wie Jesus lebte.

In der modernen Praxis kommt die Verantwortung zu kurz. „Das übernimmt alles der Priester. Ach, das macht er!" Eigentlich solltest du zum Abendmahl sowohl das Brot als auch den Wein zu dir nehmen. Doch was macht der Priester? Er nimmt für dich den Wein, und du darfst nur den Matzen bzw. die Oblate zu dir nehmen. Das ist vor allem in der Katholischen Kirche so. In der modernen Praxis trägst du die Verantwortung nicht selbst. Da wirst du nicht gefragt, ob du dieses oder jenes willst, sondern du wirst gezwungen. *„Willst du nicht mein Bruder sein, so hau ich dir den Schädel ein."* Diese Devise gilt in so vielen Religionen! Sämtliche Kreuzzüge,

Hexenprozesse u. a. basieren auf dieser Grundlage. Aber bei Jesus hast du einen freien Willen. Du kannst Ja oder Nein sagen. Du kannst tun und lassen, was du willst. Du musst dich vor Gott verantworten und sagen: „Ja, Herr, ich habe wohlgetan." Das Leben ist nicht einfach. Unsere Verantwortung ist groß, da wir auf dieser Welt sind und das tun, was Gott will, nicht also das, was die Kirche will, was irgendeine Religion will oder was die Dogmen wollen. Gottes Gebote bestimmen das Zusammenleben der Menschen untereinander. Das Leben besteht aus Geben und Nehmen.

Jeder Mensch ist „eine Welt für sich", und jeder ist anders, jeder ist kompliziert und hat einen anderen Hintergrund, andere Erfahrungen und Werte. Besuche die Witwen und Waisen und frage: „Wie ging sie oder er heim?" Wir müssen einander respektieren, auch wenn irgendjemand nicht dein Gebetsbuch hat. Das ist so wichtig. Als ich einmal in Indien war, sah ich auf der Leprastation eine Gruppe, in der sich eine Frau aufhielt. Sie trauerte um einen Menschen, der beerdigt werden sollte, und weinte. Ich erkundigte mich und fragte nach: „Irgendetwas stimmt da nicht. Was ist das für eine Gruppe, die da hinten in der Ecke steht?" Er antwortete: „Es verstarb ein Brahmane und seine Frau hat kein Geld für die Bestattung." Ich fragte: „Was kostet denn bei euch eine Bestattung?" „Fünfzig Dollar", antwortete er mir. Sofort gab ich ihr das fehlende Geld. Ich will mich selbst nicht rühmen, aber genau das bedeutet, die Witwen und Waisen in ihrer Trübsal zu besuchen. Diese Frau war überglücklich. Nun konnte sie ihren Mann beerdigen. Er war ein Brahmane, also kein Christ. Aber wir sollen auch den Menschen dienen, die keine Christen sind, und nicht nur den frommen Christen, die uns sympathisch sind.

Jesus offenbart Gott. Religion sucht Gott. Jesus sucht die Menschen, denn Er will ihnen die Gnade offenbaren. Das ist diese heilsame Gnade, die allen Menschen erschienen ist (s. Tit 2,11). Das schrieb Paulus an Titus. Religion sucht Gott, doch Gott, der sich durch Jesus Christus offenbarte, sucht den Menschen. *„Dieser nimmt* *die Sünder an"* wird uns über Jesus bekanntgemacht (s. Lk 15,2). Er wird auch als der Mittler bezeichnet, der uns mit Gott verbindet. „Wer mich sieht, der sieht den Vater" (vgl. Joh 14,7). Begib dich zu Jesus, nicht in die Kirche! Als ich damals als junger Bursche das erste Mal in Deutschland gemeinsam mit meinem Freund in die Kirche ging – denn ich wollte auch gern wissen, woran die Leute glauben und was das Christentum ist, da mir bislang nur weisgemacht wurde, dass der Glaube Opium fürs Volk wäre –, stand mein Freund auf, faltete die Hände, schloss seine Augen und setzte sich nach einer Weile wieder hin. Dasselbe vollzog ich. Später fragte ich ihn: „Was tatest du, als du die Hände faltetest und betetest?" Seine Antwort lautete: „Ich zählte bis Zehn." Für viele bedeutet Religion, bis Zehn zu zählen. Sie denken vielleicht an die zehn Gebote. Menschen „bauen einen Turm". Damals bauten sie den Turm, um Gott zu sehen, um Ihn zu erreichen und zu Ihm zu gelangen (s. 1 Mose 11,1ff.). Das ist der Mensch. Das ist der Ursprung aller Religionen. Aber Jesus ist der Weg zu Gott hin; Er ist die Wahrheit und das Leben (s. Joh 14,6a). So einfach ist das. Der Mensch braucht Gott, um zu leben. Das weiß zwar der Mensch, aber er weiß nicht, wo er Ihn findet. Meine Bibel sagt: *„Alle meine Quellen sind in Dir!"* (Siehe Ps 87,7b) Alles, was du brauchst, ist in dir! Alle meine Quellen, alles, was ich brauche, ist in mir selbst! Du tust deiner Seele etwas Gutes, wenn du dich hinsetzt und damit beginnst, dich mit Gott zu beschäftigen und darüber nachzudenken, woher du kommst und wohin du gehst. Dadurch entdeckst du vielleicht das eine oder das andere. Ein großer Prediger kam zum Glauben durch eine einfache, schlichte Predigt. Es regnete stark in England, als er in die nächste Kirche, die um die Ecke war, ging. Es war der spätere Prediger Charles H. Spurgeon, der später einer großen Gemeinde von 10.000 Leuten vorstand. Als er in der Kirche angekommen war, nahm er Platz. Da der Prediger selbst nicht da war, stand einer der Ältesten auf, nahm die Bibel in die Hand und las das Geburtsregister Jesu vor: „Dieser zeugte Söhne und Töchter, lebte soundso viele Jahre und verschied" usw. So fuhr er fort (s. Mt 1,1-16). Die anderen Geschwister munkelten: „Sieh nur, endlich einmal kommt ein junger Mann in die Gemeinde, und ausgerechnet da berichtet unser Bruder über den Stammbaum

Jesu." Nachdem Charles H. Spurgeon die Kirche verlassen hatte, ging ihm ein Licht auf: „Der Mensch wird geboren, zeugt Söhne und Töchter, und stirbt." Das ist der Sinn des Lebens.

Verlasse dich nicht auf deine Religion! Wenn du hier schon etwas Gutes für deine Seele tun willst, dann räume mit deinem Leben auf. Lass alle Dinge los, die dich an diese Erde binden. Als ich mit meiner Familie in Augsburg war, kamen wir zum Kirchweihplatz bzw. zum Plärrer. Wir sahen, wie Ballons nach oben stiegen und nur einer davon nicht; dieser flatterte nur immer hin und her. Ich dachte: „Na, so etwas! Das gibt es doch nicht! Was ist denn da los?" Als wir uns näherten, sahen wir, dass dieser Ballon von einem Jungen festgehalten wurde. Dieser Ballon stiegt zwar auch bis zu einer gewissen Höhe auf, aber nicht genug. So sind viele Christen. Sie „fliegen ab und zu einmal in eine gewisse Höhe. Aber „sie fliegen nicht hoch genug", so hoch also, dass sie sich verlieren und wegfliegen. Werde durch Jesus Christus ein Gerechter. Das ist mein Gebetsanliegen. Werde ein Heiliger, ein Kind Gottes, ein neuer Mensch, sodass du sagen kannst: *„Das Alte ist vergangen."* Ich bin nicht mehr derselbe. Nachdem wir wiedergeboren wurden, sind wir gerecht. Komme jetzt schon zum Thron Gottes, nicht erst dann, wenn du stirbst. Sei wie der Sünder, der im Tempel die Worte kundtut: *„Gott, sei mir Sünder gnädig!"* (Siehe Lk 18,13) Wir müssen sterben, *bevor* wir sterben (s. Joh 12,24b). Das ist so wichtig! Wir müssen uns lösen, bevor uns alles genommen wird und wir alles verlieren. Das Irdische müssen wir sowieso alles hierlassen! Wenn du gelöst bist, stirbst du viel leichter! Dann ist es nicht so anstrengend!

Wir werden vor Gott nicht durch Werke und Religion gerecht, sondern allein aus Gnaden und Erbarmen (s. Röm 3,24.26b) durch das, was Jesus für uns tat – *„Für mich gingst Du nach Golgatha!"* – damit wir Sein Leben ausleben. Jesus versöhnte uns mit Gott. Nun musst du dich vor Ihm nicht mehr fürchten. Du kannst Ihn mit Daddy, Papa oder Abba ansprechen. In der Religion musst du sagen: „Allmächtiger

Gott!" In der Religion wird gebetet, gesungen und dieses und jenes vollzogen, aber die Lebensübergabe in Gott hinein fand nicht statt (s. Joh 3,3; Röm 10,9f.). Es ist so wichtig, dass du „dein Leben auf den Altar legst", das Alte aufgibst bzw. opferst und dann die Witwen und Waisen in ihrer Trübsal besuchst! Die Menschen betrügen und werden betrogen. Sie sterben und wachen in der Ewigkeit auf. Sie verzapften etwas, was gar nicht wahr ist, ohne zu wissen, dass man bei Gott im rechten Stand ist. Jesus ist die Rettung, meine lieben Leute! Er ist der Weg. Nicht durch Werke der Gerechtigkeit, die wir tun, sondern durch Seine Barmherzigkeit sind wir gerettet, und zwar durch das Bad der Wiedergeburt und die Erneuerung im Heiligen Geist (s. Tit 3,5 NGÜ).

Religion ist der größte Feind des Evangeliums! „Ja, ich bin getauft!" Du wurdest ein bisschen mit Wasser beträufelt, mehr nicht! Die Errettung ist Gnade, ohne dass man etwas dafür tun muss. „Danke, Jesus! Danke, dass Du mir meine Sünden vergabst! Danke, dass ich Frieden habe!", und das, ohne dass ich jemandem etwas zeigen und beweisen muss! Jesus errettete die gesamte Menschheit und versöhnte sie mit Gott (s. 2 Kor 5,19a). Er machte sie gerecht und erkaufte sie durch Sein Blut (s. Röm 5,9). Er stieg hinab an die untersten Örter und plünderte die Hölle (s. 1 Petr 3,19). Wir beten nicht mehr nach dem Alten Testament, sondern nach dem Neuen, gemäß dem göttlichen Plan. Das ist anders als in der Religion, denn es gilt nicht mehr *„Auge um Auge, Zahn um Zahn."* Am Ende gäbe es ja dann nur noch Blinde und Zahnlose! Es gilt das Gesetz der Liebe. Glaube und Hoffnung werden vergehen, doch was bleibt, ist die Liebe (vgl. 1 Kor 13,13). Wir arbeiten auf die Heiligkeit hin, und so richten wir uns nach dem Wort Gottes aus und handeln danach. *„Was Er euch sagt, das tut."* (s. Joh 2,5). Wir werden erst gerecht gemacht, wenn das Alte vergangen ist, wir starben und eine neue Schöpfung wurde. Solange müssen wir warten! Wir müssen „durch das Tal der Todesschatten gehen" und sagen, „ich fürchte kein Unglück" (s. Ps 23,4a), *denn Du bist bei mir, Dein Stecken und Stab trösten mich* (s. Ps 23,4b).

Im Diesseits erleben wir das Folgende: „In meinem Geist, in meiner Fantasie, in meiner Vorstellung glaube ich, dass ich wiedergeboren wurde zu einer neuen Seele und zu einer lebendigen Hoffnung. Ich bin ein Kind Gottes, weil ich mein Leben Jesus übergab. Aber ich *bin* noch nicht soweit, dass ich das alles auch habe und bin! Ich habe nur die Anzahlung, *„den Unterpfand"* (s. 2 Kor 1,22), aber noch nicht die Bezahlung, die Wirklichkeit bzw. das, was ich dann wirklich vorfinde! Im Natürlichen zu leben, braucht seine Zeit. Auch das geistliche Leben braucht seine Zeit. Von der Zeugung bis zur Geburt eines Menschen vergehen neun Monate. Dann beginnt der große Lernprozess. Der Mensch wird aufgenommen in die Familie Gottes und bekommt eine neue Identität. Bei Gott braucht alles seine Zeit und Richtigkeit. Wir müssen Geduld haben, bis wir soweit sind und „ankommen in dem anderen Zimmer" bzw., bis wir „aufgerufen" werden. Wir lesen, was nachfolgend geschrieben steht: **Strebe eifrig danach, dich Gott als bewährt zu erweisen, als einen Arbeiter, der sich nicht zu schämen braucht, der das Wort der Wahrheit recht teilt (2 Tim 2,15 SLT).** Wir müssen das Wort Gottes richtig teilen und richtig verstehen, sonst „verschlucken" wir uns. Ja, es muss richtig geteilt werden! Manches gilt für jetzt, manches galt schon und das meiste, was uns im Wort Gottes versprochen wird, hat später erst seine Gültigkeit. Die irdischen Religionen gelten für das Diesseits, für heute jetzt und hier, nicht aber für das Jenseits. Die Bibel kennt zwei Zeiten: Chronos und Kairos. „Chronos" ist unsere Zeit, die Chronologie, und „Kairos" ist die göttliche Zeit, die exakt bestimmte Zeit. Aber dafür sind wir jetzt noch nicht bereit! Jesus sprach: „Eure Zeit ist immer, aber meine Zeit ist noch nicht gekommen." (Siehe Joh 7,6) Nimm Gottes Zeitplan an. Warte auf den richtige Zeitpunkt. Es ist noch nicht so weit. Ich habe zwar „den Himmel in mir", aber ich bin noch nicht im Himmel. Keinem kann ich weismachen, dass ich im Himmel bin und himmlische Zustände erlebe, doch ich habe die Kraft Gottes in mir; ich habe Glauben, verlasse mich auf Seine Barmherzigkeit und auf Seine Güte.

In dem Brief an die Gemeinde zu Galatien Kapitel 4 steht geschrieben: **Als aber die**

Zeit erfüllt war, sandte Gott seinen Sohn (Gal 4,4a). Auch für Jesus Christus musste sich erst die Zeit erfüllen. Es geschah zu Seiner Zeit. Wir wollen immer alles sofort haben, uns nicht Genüge sein lassen und warten. Wir denken immer, dass der perfekte Zeitpunkt, um etwas zu tun, jetzt ist. Nein! Der perfekte Zeitpunkt kam noch nicht! Eines der schwierigsten Dinge für uns, ist wahrscheinlich das Warten. Das geht aus dem Wort Gottes hervor, wie nachfolgend geschrieben steht: **Geduld aber habt ihr nötig, auf dass ihr den Willen Gottes tut und das Verheißene empfangt (Hebr 10,36).** Nicht abwarten zu können bis die Stunde Gottes da ist – bis Er etwas bewirkt, bis Er uns ruft, bis es dann stattfindet, weil Er es möglich macht –, ist einer der Hauptgründe, warum so vieles in unserem Leben schiefläuft! Man sagt: „Ich glaube, dass der Herr dieses oder jenes tun wird!" Nein, Er tut es nicht! Wir müssen den Weg des Todes gehen. *„Denn durch Sterben hier, führt der Weg zu Dir."* Die Israeliten konnten nicht abwarten, bis Mose zurückkam (s. 2 Mose 32,1). Sie gossen sich ein goldenes Kalb (s. 2 Mose 32,4a), um das sie tanzten. Als Strafe mussten sie nochmals vierzig Jahre durch die Wüste ziehen (s. Jos 5,6a). Und auch Abraham und Sara konnten nicht abwarten, bis Gott Seine Verheißung einlöste. Sie machten ein Pantscherl; griffen selber ein. Sie halfen Gott nach und bewirkten es auf *ihre* Art und Weise (s. 1 Mose 16,1-4a). Genau das ist Religion!, wenn wir es „in unsere Hand nehmen". Das Warten widerspricht unserer menschlichen Natur. Wahrer Glaube kann warten, bis die Situation reif ist und sich der Zeitplan Gottes erfüllte. Gott kommt nie zu spät; Er kommt immer genau im richtigen Augenblick!

Gebet: Lieber Gott, wir warten auf Dein Heil. Wir kaufen die Zeit aus (s. Eph 5,16) und nützen jede Gelegenheit. Du bewirkst es richtig und zu Deiner Zeit. Wir warten auf das Kairos und lassen uns nicht von der Religion schikanieren, hetzen, treiben und jagen, in Jesu Namen, Amen. Segne meine Geschwister, wo auch immer sie sich gerade jetzt befinden, und lasse Deinen Frieden über ihrem Angesicht leuchten in dieser unruhigen und hektischen Zeit. Herr, ich segne nun alle Hörer, die Dein Wort vernahmen. Jesus Christus, sei Du mit ihnen, Amen. Wir hören das Lied *„Es geht* *ohne Gott in die Dunkelheit".* Sobald du Gott aufgibst, bist du religiös, aber wenn du Jesus aufnimmst, gehst du ins Licht. Es wird immer schöner, heller und liebevoller (s. Spr 4,18). Gott möge uns alle segnen.

HINWEISE zur QUELLENANGABE

Die von mir verwendete Literatur:

Lange Bibelwerk, 1873 Leipzig. Die Schriften des Alten und Neuen Testaments erklärt und übersetzt für die Gegenwart. 1925 Göttingen, Vandenhoeck & Ruprecht. Außerdem Otto von Gerlach, Altes und Neues Testament (Anmerkungen) 1893 Leipzig (J. E. Heinrichs'sche Buchhandlung) und mein eigenes Archiv.

ANMERKUNG

Die meisten Schriftstellen sind der Lutherbibel entnommen, nur einige wenige nicht. Beachten Sie dazu bitte die nachfolgenden weiterführenden Hinweise.

Vergleichbare in diesem Buch aufgeführte Übersetzungen sind:

ELB   Elberfelder Bibel
NLB   Neues Leben Bibel
ZB   Zürcher Bibel
SLT   Schlachter 2000
EU   Einheitsübersetzung 2016
NGÜ   Neue Genfer Übersetzung

LITERATUREMPFEHLUNG

Weitere Einblicke:

Gemeindebibelschule

Band 1

ISBN: 978-3-8416-0122-3

Seitenzahl: 332

Herausgabe: 07.10.2011

Band 2

ISBN: 978-613-8-37838-9

Seitenzahl: 312

Herausgabe: 15.05.2024

Band 3

ISBN: 978-613-8-37909-6

Seitenzahl: 304

Herausgabe: 26.09.2024

Predigtsammlung

Band 1

ISBN: 978-613-8-35336-2

Seitenzahl: 96

Herausgabe: 09.03.2023

Band 2

ISBN: 978-613-8-37845-7

Seitenzahl: 108

Herausgabe: 25.06.2024

Band 3

ISBN: 978-613-8-37873-0

Seitenzahl: 96

Herausgabe: 31.07.2024

Band 4

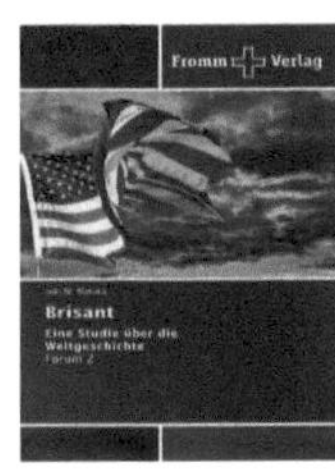

ISBN: 978-613-8-37884-6

Seitenzahl: 88

Herausgabe: 16.08.2024

Printed by Books on Demand GmbH, Norderstedt / Germany